ワークで学ぶ

子育て
支援

菊地　篤子
金　瑛珠
［編］

みらい

執筆者一覧

編　者

菊地　篤子　名古屋柳城女子大学

金　　瑛珠　鶴見大学短期大学部

執筆者（五十音順）

赤塚　徳子　愛知文教女子短期大学 ……………………… 第 9 章

飯塚美穂子　鶴見大学短期大学部 ………………………… 第 7 章

石山　直樹　横浜女子短期大学 …………………………… 第 14 章

上野　文枝　小田原短期大学 ……………………………… 第 13 章

大屋　陽祐　育英短期大学 ………………………………… 第 10 章

加納　史章　湊川短期大学 ………………………………… 第 11 章

菊地　篤子　名古屋柳城女子大学 ………………… 第 1 章・第 2 章

金　　瑛珠　鶴見大学短期大学部 …………………… 第 3 章・終章

小湊　真衣　亜細亜大学 …………………………………… 第 4 章

坪井　　瞳　東京成徳大学 ………………………………… 第 12 章

遠山　景広　札幌大谷大学短期大学部 …………………… 第 8 章

豊田　明子　名古屋柳城女子大学 ………………………… 第 6 章

西村　彩恵　東京福祉大学 ………………………………… 第 5 章

はじめに

　「子育て支援」という言葉から、みなさんはどのようなことを思い浮かべますか。託児や遊び場の提供などのサービス、政策や制度、相談事業など、その切り口はさまざまだと思います。または、「日々の家事や育児の手助け」のような日常的な場面を思い浮かべる人もいるかもしれません。「子育て支援」という言葉は、少子化や子育ての孤立化などの社会状況を受け、1990年代から使われるようになりました。また、2017（平成29）年に告示された保育所保育指針の第4章では、保育所・保育士による「子育て支援」について、これまで以上に大きく取り上げられました。さらに、2019（同31）年4月からは保育士養成課程において、科目「子育て支援」が誕生し、保育士による子育て支援の在り方をより具体的に学ぶようになりました。

　「子育て支援」とは何を学ぶ科目なのか。本書を読み進める前に、言葉の分解作業をしながら一緒に考えてみましょう。
　「子育て支援」は「子ども」を「育てる者」を「支援すること」の3つに"分解"することができます。本書は、保育士養成課程の学習者のためのテキストなので、「保育者による子育て支援の在り方」を中心に学習を進めます。保育士養成課程では、子どもの発育・発達や社会性の育ちなど、子どもの特性（＝子どもそのもの）についてさまざまな科目で学びます。それらの学習を通して「子ども」を知っておくことは、子育て支援を学ぶ前提として、絶対的に必要です。そのうえで、「育てる者」＝「保護者」を、保育専門職である保育者が「支援する」のが「子育て支援」であり、本書の軸となる捉え方といえます。
　ここで押さえておきたいことは、「子ども」や「子どもの望ましい育ち」を中心に据えた中での保護者支援であり、子どもがよりよく育つための子育ての支援である、ということを見失わない、ということです。実際の支援を受ける側（＝保護者）のニーズは、実に多様です。さまざまな要望や訴えに応じることだけが支援ではなく、子育て力の向上を図ることも保育者の役割であり、それはときには、保護者のニーズとはかみ合わないこともあります。しかし、保育者の役割とは何か、保育の中で大切にすべきことは何かを根本に据えて、保育者が子育てを支援する意味を自問自答しながら、学び進めてほしいと思います。
　保護者にとって乳幼児期の子育ては、人生の中で、ある一定期間のみに限定されたライフイベントといえます。「喉元過ぎれば熱さを忘れる」ように、その時期を過ぎると、保護者は当事者ではなくなります。しかし、保育者は専門職として支援者であり続けますし、その間も、社会的背景やニーズは変化し続けるものです。ここでの学びは、現時点での基本的な学習事項として理解し、常に新しい情報を得ながら、読者のみなさんが「子育て支援」の在り方を時代に応じてアップデートし続けてくださることを願います。

　最後に、本書刊行にあたりご協力いただいた執筆者の先生方に、感謝申し上げます。また、修士課程の同朋で、以来其々に保育学研究の道を歩んできた我々二人に、編者という貴重な役割を与えてくださった株式会社みらいの皆様に、心より御礼申し上げます。「ワークで学ぶ」シリーズは本書で3冊目となりますが、1冊目からご担当いただいている西尾敦氏におかれましては、

編者からの要望に柔軟に御対応いただいたうえに、全国各地の執筆者をお支えいただき、感謝申し上げます。同じく、今回も学びの手助けになり得る素敵なイラストをご担当いただいた不破広子氏にも、紙面を借りて御礼申し上げます。

　我々編者二人の大学院時代の恩師である、千羽喜代子 大妻女子大学名誉教授、故・大場幸夫元大妻女子大学学長の両先生にも、本書刊行のご報告をさせていただくとともに、まだ若かった我々に研究の基本をご指南いただいたこと、保育学研究の道へお導き下さったことに、心からの感謝を申し上げます。

2024 年 2 月

編者　菊地篤子

金　瑛珠

もくじ

はじめに

第**1**編

子育て支援の概論

第**8**章　社会資源の活用と自治体・関係機関や専門職との連携・協働

第 **2** 編

 子育て支援の実際

第1編

子育て支援の概論

第1章

現代の子育て環境と子育て支援

第1節　子ども・子育てを取り巻く社会状況

1 ── 子育てに必要なこととは

　あなたは「子育て支援」という言葉から、どのようなことを思い浮かべますか。保育サービスや子どもの遊び場の提供でしょうか、育児ストレスなどに対する相談支援でしょうか。または、給付金などを含む行政のさまざまな政策でしょうか。

　今も昔も、子どもの発達のおおまかな道筋は変わるものではありませんが、科学の進歩や新しい知見などを受け、子どもや子育ての捉え方、考え方は変化を続けています。また、育てる側である保護者の社会的立場や生活地域など、子育てをする当事者が身を置く環境によっても、さまざまな子育て状況が生み出されます。それはつまり、保護者への支援も、それぞれの事情によってさまざまだということになるでしょう。

次の事例を読んで以下の設問について考えてみましょう。

> **事例：夫婦だけで子育てはできる？**
> 　大学で保育学を学んでいるＡさんは、ある日Ａさんのお兄さん（26歳）と次のような会話をしました。
> 兄：〇〇（兄の友人の名前）が結婚して、もうすぐ子どもが生まれるんだって。親元を離れていて、自分たちだけで育てるって言っているんだ。

第1編

1 現代の子育て環境と子育て支援

2 子どもの権利に基づいた子育て支援

3 保育者が行う子育て支援の基本的事項

4 保育者の行う子育て支援の特性

5 保育者に求められる相談援助の視点

6 保育者の行う子育て支援の展開過程

7 職員間の連携・協働

8 社会資源の活用と自治体・関係機関や専門職との連携・協働

大変だよな。

A：そうなんだ！　○○さん、パパになるんだね。夫婦だけで子育てって大変だけど、今はいろいろなサービスがあるのよ。

兄：へぇー、そうなんだ。俺、将来結婚したら、ここ（自分が生まれ育った家）に住みたいんだよな。子どももほしいな。子どもができても、母さんがいるから大丈夫だよな。

A：ふーん、ここで子育てしたいのね。でも、お母さんが今みたいにまだ仕事しているかもしれないわよ。

兄：ああ、そうか。それじゃ、ここで子育てするのは難しいか……。

A：そうとも限らないわよ。親に頼るだけじゃなくて、この地域だっていろいろなサービスがあるはずだから、一度調べてみたら？　でも、そもそも子育てって何をするのか分かっている？　やることはたくさんあるし、考えなくちゃならないことも次々に起こるし、自分のペースで動けないし……。とにかく今とは全然違う生活になるのよ。

兄：それはそうだろうけど…。調べるって何を……？

① A の兄の立場だったら、どのようなことを調べるべきだと思いますか。書き出しながら話し合ってみましょう。

② 次に挙げる地域の資源について、自分の住んでいる地域（またはゆかりのある地域など）を想定して、施設数や場所などを実際に調べてみましょう。

　ア　保育・幼児教育施設（幼稚園・保育所・認定こども園・小規模保育や病児保育など）

　イ　小児科などの病院や保健センター

　ウ　子育て支援サービス（子育て支援センター、ファミリー・サポート・センター事業など）

　エ　公園など外遊びができる場所

ア

イ

ウ

エ

子育てのためには、ワーク1の①・②で調べたような情報や知識以外に、育てる側である保護者の心身の健康や精神的・経済的な自立も大切な要素として挙げられます。このように、さまざまなことを考えるうちに、事例のように、「子どもはほしい、でも不安」そんな思いを抱くようになるのは無理もありません。そのような思いを抱く要因は、現代の子育てを取り巻く日本社会全般にあります。

2 ── 子育てに関する社会的背景

　近年、日本の子どもや子育てに関する話題や課題として、さまざまな事柄が挙げられています（図1-1）。実際に統計からその実態をつかむこともできます。

少子高齢社会　児童虐待問題　遊び場所がない
子どもの貧困　教育格差
産後うつ　ワンオペ育児　スマホ子守り
産休・育休　子どもの睡眠時間

図1-1　子どもを取り巻くさまざまな話題や課題

ワーク2

図1-1の話題の中から興味がある課題や話題をいくつか取り上げ、その内容を調べましょう。また、数人のグループで、調べた内容や気付いたことについて共有しましょう。

第1編

1 現代の子育て環境と子育て支援

2 子どもの権利に基づいた子育て支援

3 支援者が行う子育ての基本的事項

4 支援者の特性に行う子育て

5 相談援助に求められる視点

6 支援者の行う子育て支援の展開過程

7 職員間の連携・協働

8 社会資源の活用と自治体・関係機関や専門職との連携・協働関係

　現代の日本社会は、高齢者（65歳以上）人口割合の増加と同時に年少（0～14歳）人口割合の減少が続いていて、少子高齢化が加速していることが分かります（図1－2）。また、この30年ほどで、核家族の子育て世帯（親と未婚の子のみの世帯）の割合が増加するとともに、三世代世帯の割合が大きく減少しています。（図1－3）。さらに、共働き世帯割合が増加し続けており（図1－4）、このことは、保育所等の利用率の上昇にもつながっています（図1－5）。また、家事や育児などの家庭内労働を誰がどのように担うのか、という課題にも直結した課題になっているといえます。実際に、子育てについては、女性がその多くを担っていることが分かります（図1－6）。

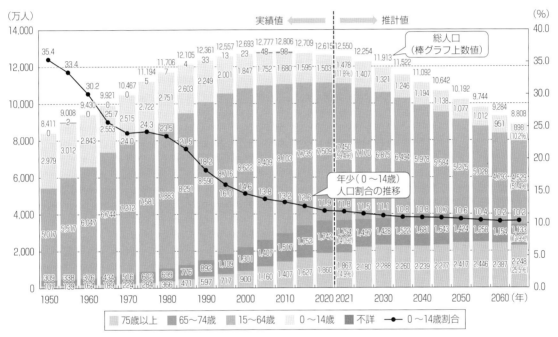

図1－2　わが国の総人口および人口構造の推移と見通し

資料：2020年までは総務省「国勢調査」（2015年及び2020年は不詳補完値による。）、2021年は総務省「人口推計」（2021年10月1日現在（令和2年国勢調査を基準とする推計））、2025年以降は国立社会保障・人口問題研究所「日本の将来推計人口（平成29年推計）」の出生中位・死亡中位仮定による推計結果から作成。

注　：百分率は、小数点第2位を四捨五入して、小数第1位までを表示した。このため、内訳の合計が100.0％にならない場合がある。

出典：内閣府『令和4年版　少子化社会対策白書　概要（PDF版）』2022年　p.2

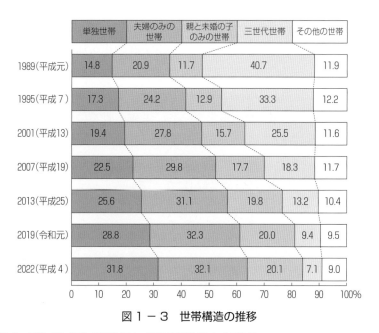

図1－3　世帯構造の推移

注1：1995（平成7）年の数値は、兵庫県を除いたものである。
　　2：2016（平成28）年の数値は、熊本県を除いたものである。
　　3：2020（令和2）年は、調査を実施していない。
　　4：「親と未婚の子のみの世帯」とは、「夫婦と未婚の子のみの世帯」及び「ひとり親と未婚の子のみの世帯」をいう。
出典：厚生労働省「2022（令和4）年　国民生活基礎調査の概況」2023年　p.3を一部改変

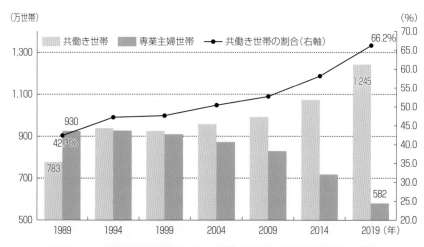

図1－4　男性雇用者世帯のうち共働き世帯と専業主婦世帯の推移

資料：2001年以前は総務庁「労働力調査特別調査」（各年2月）、2002年以降は総務省統計局「労働力調査（詳細集計）」より作成。

注　：「労働力調査特別調査」と「労働力調査（詳細集計）」とでは調査方法、調査月等が相違することから時系列比較には注意を要する。
　　「専業主婦世帯」とは、2014年までは夫が非農林業雇用者で妻が非就業者（非労働力人口及び完全失業者）の世帯。2019年は、就業状態の分類区分の変更に伴い、夫が非農林業雇用者で妻が非就業者（非労働力人口又は失業者）の世帯。共働き世帯の割合は、男性雇用者世帯に占める割合である。

出典：厚生労働省『令和2年版　厚生労働白書』日経印刷　2020年　p.34

第1編

1 現代の子育て環境と子育て支援

2 子どもの権利に基づいた子育て支援

3 支援者が行う子育ての基本的事項

4 支援者の特性に行う子育て

5 保育者に求められる相談援助の視点

6 支援者の展開過程行う子育て

7 職員間の連携・協働

8 社会資源の活用と自治体・機関や専門職との連携・協働関係

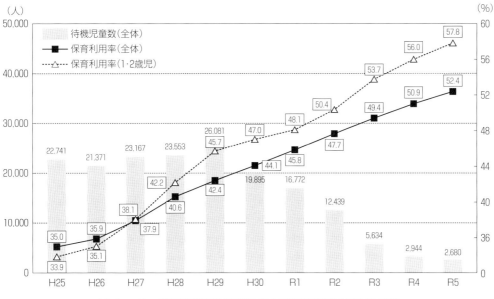

図1-5　保育所等待機児童数および保育所等利用率の推移

出典：厚生労働省「保育所等関連状況取りまとめ（令和4年4月1日）」

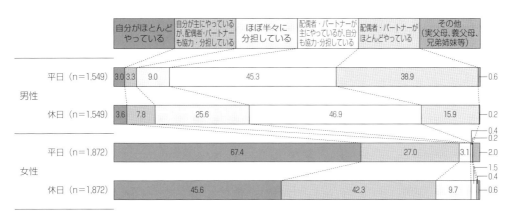

図1-6　子育ての分担

出典：「令和2年度　文部科学省委託調査『家庭教育の総合的推進に関する調査研究―家庭教育支援の充実に向けた保護者の意識に関する実態把握調査―』報告書」2021年　インテージリサーチ　p.1

3 ── 子ども・子育てに関する経験や知識の希薄化

　現代の保護者たちの多くは、"子育ては大変"という風潮のもと、実際に自分が「親」となり子育てをする中で、やはり大変さを実感しながら、日々わが子と向き合っています。子どもから、喜びや感動を得る体験もあるはずですが、子育てを語る中で「大変さ＝悩みや不安」がそれを上回る状況に陥る保護者が多いようです。図1－7では、子育ての悩みや不安を「いつも感じる」「たまに感じる」と回答した割合が、男性では61.8％、女性では、76.4％となっており、その割合は非常に高いといえるでしょう。具体的な内容は、「しつけの仕方」「生活習慣の乱れ」「接し方」などの親としての基本的な姿勢に関すること、「子どもの健康や発達について」「子どもの気持ち」などの子どもの発育・発達に関すること、「時間の使い方」「経済的な問題」などの家庭生活の基盤に関すること、その他、周囲との関係性に関することなど、非常に多岐にわたります（図1－8）。

　さらにその実情を探ると、悩みや不安は常にあるものの、その気持ちに日ごろ寄り添ってもらう相手が少ない状況が見えてきます（図1－9）。核家族世帯のような、同じ生活空間に子育ての先輩（自分の親や祖父母）がいない場合は、子育てに関して相談したり聞いたりする環境はありません。図1－9の調査結果からも分かるように、日常生活の中での心の拠り所となるのは、お互いに試行錯誤の中にある配偶者になります。次いで自身の親で、その他のほとんどが親戚関係に委ねています。女性に関しては友人・知人がその対象になる場合も一定の割合でありますが、保護者（多くの場合母親）は不安を抱いても打ち明ける相手が少なく、子育てのほぼすべての事柄を抱え込んで生活している姿が浮かび上がってきます。

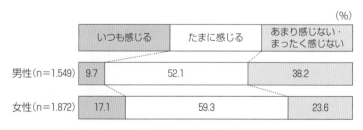

図1－7　子育てについての悩みや不安の程度

出典：図1－6に同じ　p.3

第1編

1 現代の子育て環境と子育て支援

2 子どもの権利に基づいた子育て支援

3 支援者が行う子育ての基本的事項

4 支援者の行う子育て支援の特性

5 保育者に求められる相談援助の視点

6 保育者の行う子育て支援の展開過程

7 職員間の連携・協働

8 社会資源の活用と自治体・関係機関や専門職との連携・協働

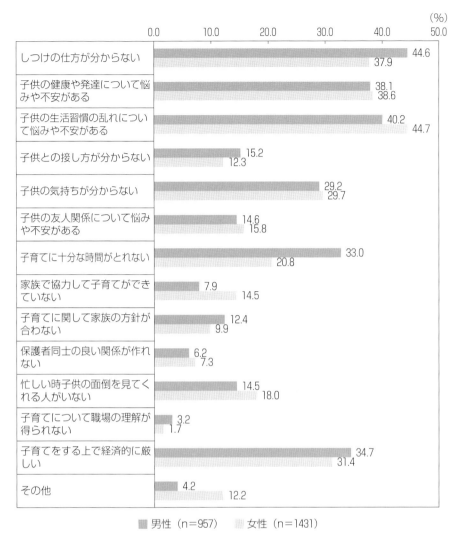

図1-8　子育てについての悩みや不安の内容（複数回答）

出典：図1-6に同じ　p.4

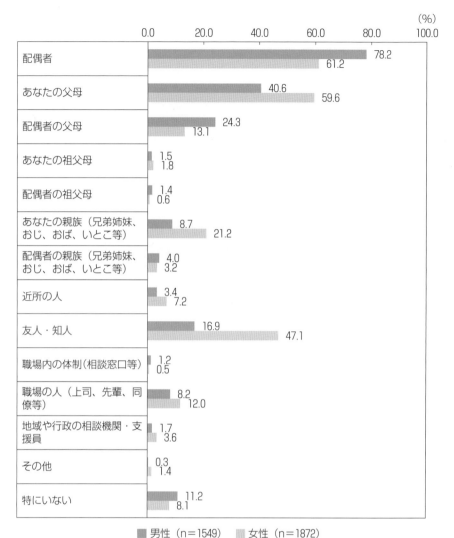

図1－9　心の拠り所となる人（複数回答）

出典：図1－6に同じ　p.2

 第**2**節　子育て支援とは

1 ── 子どもの健やかな育ちのための子育て支援

　「子育て支援」とは「全ての子どもの健やかな育ちを実現するため、保護者に対して行う支援」で、「遊びや交流の場を提供したり、相談に応じて助言をしたりすること」などが含まれます[1]。

実は、前節の図1－1に挙げた事項の多くは、保護者に焦点を当てた社会状況です[1]。それは、保護者が養育の第一義的責任を有する存在であって[2]、子どもの育ちは保護者に委ねられているためです。そのため、子どもの育ちを担う保護者を支援することが「子育て支援」であり、「子どもの健やかな育ち」が子育て支援の中心だということを念頭に置いて、現代の子育てを取り巻く状況を捉えることが大切です。

2 —— 子育てをする親[3]への支援

現在の日本の教育システムでは、子どもや子育てについて学ぶ機会は多くはありません。また、子育てを身近で見たり、子どもと関わったりする経験が少ないまま「親」になっていく社会といえます。実際に、「子どもが生まれてから初めて知ることばかりで戸惑った」という声もよく聞かれます。しかし、どのような状況でも、子どもが生まれた瞬間から子育ては始まるのです。それは「親」が生まれた瞬間でもあります。

ワーク
3

これまで、中学校・高校やその他のどのような場面で、子どもや子育てに関することを学びましたか。また、中学生以降、どのような機会で就学前の子どもと関わる経験をしましたか。

現代の親は、親としての心構えや育児の具体的な方法、子どもに関する知識など、子育てに関するさまざまなことを学びながら、つまり、親としても育ちながら子育てをしているケースがほとんどではないでしょうか。このような親への「子育て支援」の構造を図1－10に示します。未熟ともいえる「親＝保護者」を、多様な方法で支援する体制を整えるとともに、ニーズや実態を把握したうえで具体的な子育て支援を実施することが求められているのです。

★1
「ヤングケアラー」「親ガチャ」など、子どもに焦点を置いた話題や課題もあります。

★2
第2章の児童の権利に関する条約（子どもの権利条約）の内容を参照してください。

★3
ここでは生物学的意味を含めて「保護者」ではなく「親」と記します。

1 現代の子育て環境と子育て支援

2 子どもの権利に基づいた子育て支援

3 支援の基本的事項 保育者が行う子育て

4 支援の特性 保育者の行う子育て

5 相談援助に求められる視点 保育者の

6 支援の展開過程 保育者の行う子育て

7 職員間の連携・協働

8 社会資源の活用と自治体・関係機関や専門職との連携・協働

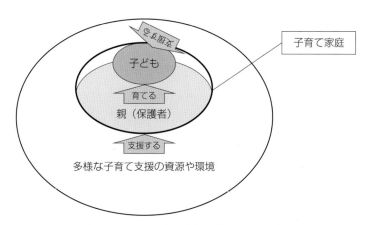

図 1 － 10　子育て支援の構造イメージ

注　：親（保護者）は子どもの健やかな育ちを目指し、家庭生活を営みながら子育て
　　　をする。その親（保護者）を支援するのが「多様な子育て支援」で、場合によっ
　　　ては、子どもの育ちと親の育ちを同時に支援することもある。
出典：筆者作成

ワーク1で調べたもの以外の話題についても調べて、それぞれについて、現
段階（子育て支援を詳しく学ぶ前）での意見を記しましょう。

引用文献

1）中坪史典・山下文一・松井剛太・伊藤嘉余子・立花直樹編『保育・幼児教育・子ど
　も家庭福祉辞典』ミネルヴァ書房　2021 年　p.64

参考文献

・内閣府『令和 4 年版　少子化社会対策白書』
・厚生労働省「2021 年　国民生活基礎調査の概況」
・厚生労働省「令和 2 年版　厚生労働白書―令和時代の社会保障と働き方を考える―」
・厚生労働省「保育所等関連状況取りまとめ（令和 4 年 4 月 1 日）」
・文部科学省「令和 2 年度　文部科学省委託調査「家庭教育の総合的推進に関する調査
　研究―家庭教育支援の充実に向けた保護者の意識に関する実態把握調査―」報告書」
　令和 3 年 2 月
・太田光洋編『シードブック 子育て支援演習』建帛社　2021 年
・小橋明子監修、木脇奈智子編『子育て支援』中山書店　2020 年
・二宮祐子『子育て支援―15 のストーリーで学ぶワークブック―』萌文書林　2018 年
・園川緑・中蔦洋編『保育者のための子育て支援入門―ソーシャルワークの視点からや
　さしく学ぶ―』萌文書林　2021 年

第2章
子どもの権利に基づいた子育て支援

第1節　子どもの最善の利益の尊重

　子どもが"よりよく"生きる権利は、どんな事柄にも影響されることなく、全ての子どもが持っているものです。しかし、子どもは社会的に弱い立場にあり、思いを表現することや行動に移すことが難しいこともあるため、社会の大人たちがその点を考慮しなければなりません。ここでは主に保護者の立場から、子どもの権利と子育て支援について考えてみましょう。

　子どもの権利については、54条からなる「児童の権利に関する条約（通称：子どもの権利条約）」★1 に規定されており、条約の基本的な考え方が4つの原則で表されています。また、同条約では大きく4つの柱から守るべき子ど

★1　児童の権利に関する条約
1989（平成元）年に採択され、日本では1994（同6）年に批准されました。

「児童の権利に関する条約」4つの原則

・差別の禁止（差別のないこと）

・子どもの最善の利益（子どもにとって最もよいこと）

・生命、生存及び発達に対する権利（命を守られ成長できること）

・子どもの意見の尊重（意見を表明し参加できること）

子どもの権利の4つの柱

| 生きる権利 | 育つ権利 | 守られる権利 | 参加する権利 |

第1編

1 現代の子育て環境と子育て支援と

2 子どもの権利に基づいた子育て支援

3 保育者が行う子育て支援の基本的事項

4 保育者の行う子育て支援の特性

5 保育者に求められる相談援助の視点

6 保育者の行う子育て支援の展開過程

7 職員間の連携・協働

8 社会資源の活用と自治体・関係機関や専門職との連携・協働

もの権利を表しています。

　そして、4つの原則の中の「子どもの最善の利益」については、同条約の第3条や第18条に記されています。第18条においては、養育および発達の第一義的な責任を保護者が有していることも記されています（下線は筆者による強調部分です）。

児童の権利に関する条約
第3条
1　児童に関するすべての措置をとるに当たっては、公的若しくは私的な社会福祉施設、裁判所、行政当局又は立法機関のいずれによって行われるものであっても、児童の最善の利益が主として考慮されるものとする。
第18条
1　締約国は、児童の養育及び発達について父母が共同の責任を有するという原則についての認識を確保するために最善の努力を払う。父母又は場合により法定保護者は、児童の養育及び発達についての第一義的な責任を有する。児童の最善の利益は、これらの者の基本的な関心事項となるものとする。

　「子どもの権利条約」では、他にどのようなことが掲げられているか、調べてみましょう。

　また、児童福祉法には、子どもの権利と保護者の責任について次のように記されています（下線は筆者による強調部分です）。

児童福祉法
第1条
全て児童は、児童の権利に関する条約の精神にのっとり、適切に養育されること、その生活を保障されること、愛され、保護されること、その心身の健やかな成長及び発達並びにその自立が図られることその他の福祉を等しく保障される権利を有する。
第2条
①　全て国民は、児童が良好な環境において生まれ、かつ、社会のあらゆる分野において、児童の年齢及び発達の程度に応じて、その意見が尊重され、その最善の利益が優先して考慮され、心身ともに健やかに育成されるよう努めなければならない。
②　児童の保護者は、児童を心身ともに健やかに育成することについて第一義的責任を負う。

　子どもの周りには保護者をはじめさまざまな大人がいます。大人たちは、子どもに関するすべての事柄について、子どもにとって最もよいであろうことを考慮することが求められます。そして、その中心にいる保護者は、自分の都合や一方的な考えのみで決めるのではなく、育ちの主体である子どもに

第1編

1 現代の子育て環境と子育て支援

2 子どもの権利に基づいた子育て支援

3 保育者が行う子育て支援の基本的事項

4 保育者の行う子育て支援の特性

5 保育者に求められる相談援助の視点

6 保育者の行う子育て支援の展開過程

7 職員間の連携・協働

8 社会資源の活用と自治体・関係機関や専門職との連携・協働

とって何が適切かを見定める必要があるのです。加えて、子どもの育ちに対して、保護者が責任を持っていることを忘れてなりません。

　実際に、そのようなことを普段の子育て中に意識する機会はあまりないかもしれません。そこで、次のワークで、「食事のとり方」を通して子どもの最善の利益について考えてみましょう。

　園での昼食の風景といえば、クラス単位で子どもたちがそろって一斉に食べる様子を思い浮かべる人が多いと思います。一方、家庭では、その日の過ごし方によって、食事をとる時間や場所は比較的柔軟に変わるのではないでしょうか。実は、園においても昼食の時間や場所を特に定めず、子どもの様子に応じて対応する、という取り組みをしている園もあるのです。子どもたちの「食」に関する「最善の利益」を考えるとき、どちらが望ましい食事のとり方なのでしょうか。

　定められた時間枠の中で一斉に食事をとることは「Ａ：最善の利益である」のか、「Ｂ：最善の利益とはいえない」のか、２つの側面から意見を出しましょう。

　私たちは毎日、朝食・昼食・夕食と一日３回の食事をとります。これは健康的な食生活を送るための、現代の一般的な習慣です。子どもは１歳を過ぎて離乳食が完了期に入ると、この食習慣に沿って朝、昼、夜に食事をとり、生活リズム全体が整うようになっていきます。１歳半を過ぎると離乳が完了し、一層大人と同じようなリズムで食生活が営まれます。

　その後、子どもの遊びが活発になり、親子での外出などが増えてくると、毎日同じ場所、同じタイミングで食事をとることは難しくなるものです。保護者は「遊びに熱中しているからお昼ご飯はもう少し後にしよう」「お出かけしたついでに外食してから帰ろう」など、子どもの様子と自分たちの状況に応じて過ごすものではないでしょうか。

　しかし園生活においては、多くの園が「日課に沿って毎日同じ時間」に、その集団（クラス等）ごとに配膳し、「一斉」に食べ始めます。これには生

活リズムが整った中で心身ともに健康な生活を送るため、衛生面に配慮するためなど、さまざまな意味合いがあります。また、基本的生活習慣の中の一つであり、指導計画への記載事項でもある「食事」について、全ての子どもの様子を見守り、援助するためでもあります。一方で、子どもが主体的に考え、行動する機会を阻んでいる可能性があるともいえます。午前中の遊びが続いているのに中断させてしまい、子どもの自発的な遊びを妨げることになるかもしれません。給食の時間になっても食欲がわいてこない場合もあるでしょう。それは子ども一人一人の生活の営みによって異なるものです。

　このように、どのような側面から捉えるかによって「最善の利益」とは何かが変わるのです。家庭での子育て場面でも同様で、食事のとり方一つ取り上げても、子どもにとっての「最善の利益」とは子どもの生活リズムを守ることなのか、家族との時間や食事前後の活動に応じて柔軟に過ごすことなのか、一概にはいえないのです。そのような中であっても保護者には、今、目の前にいる子どもにとって本当にふさわしい生活は何か、この時間の使い方は子どものためになるのか、一度立ち止まって、子どもの育ちを中心に考えることが望まれます。そして、保護者が負担なく子どもと過ごし、かつ、子どものよりよい育ちにつながる、と肯定的に自分たちの生活を捉えてほしいと願います。

次のある母親の想いを読んで以下の設問について考えてみましょう。

事例：ある母親の葛藤

「家で子どもと2人でいるとき、かんしゃくを起こしたり泣いたりするのが嫌で、よくないと分かっていながらスマートフォンを渡してしまいます。好きな動画を見せると静かになってくれるのでホッとするんです」

①この母親は、子育ての理想と現実の間で葛藤を抱いているようです。どのような葛藤か具体的に考えてみましょう。

②ワーク2と同じように、子どもにスマートフォンを渡して動画を見せるこ

とが、「Ａ：最善の利益である」「Ｂ：最善の利益とはいえない」という２つの側面から意見を出してみましょう。

第1編

1 現代の子育て支援環境と

2 子どもの権利に基づいた子育て支援

3 支援の基本的事項者が行う子育て

4 支援の特性者の行う子育て

5 相談援助に求められる保育者の視点

6 支援の展開過程者の行う子育て

7 職員間の連携・協働

8 社会資源の活用と自治体・関係機関や専門職との連携・協働

第2節　子育て支援を担う保育者

次に、保育者の立場から、子育て支援に関する役割を考えてみましょう。

1 ── 保育士の職務

児童福祉法には、保育士の職務について、次のように記されています（下線は筆者による強調部分です）。

> 児童福祉法
> 第18条の4
> この法律で、保育士とは、第18条の18第1項の登録を受け、保育士の名称を用いて、専門的知識及び技術をもつて、児童の保育及び児童の保護者に対する保育に関する指導を行うことを業とする者をいう。

ここでは、保育者は子どもの保育のみではなく、保護者の子育ての支援も担う立場であることが明記されています。子どもの育ちの"第一義的責任を負う"保護者を、支援や助言を含めて"指導"する保育者は、その役割をしっかりと理解する必要があります[2]。

その際、十分に留意すべきことは、一時的・短期的な支援だけでなく、将来を見通した、長期的な支援も目指すことです。現代の保護者は、親としての知識や経験に乏しく、親になってから学び始めるケースがほとんどであり、そうした親を支え、その資質の向上を図ることも子育て支援の役割として重視されています。その場での手助けも大切ですが、例えば、子どもの発達の道筋や、子どもの成長とともに多様に変化する親子関係の在り方など、長期的な観点の大切さを伝えることも、親の資質の向上の一助になるでしょう。それを最も提供しやすい立場にあるのが保育者です。

★2
第3章以降で詳しく学びます。

2 ── 子育て支援を担う保育者の立場

保育者は日々の保育で子どもに直接関わると同時に、その保護者にも直接関わる機会を多く持っています。目の前の子どもの実態に即し、かつ、目の

前の保護者の様子を直接確かめながら、その時々に適した支援を行うことができる貴重な存在といえるでしょう。そのため、日常的な保育の営みを通した継続的な保護者への支援とは何かを考え続けることが求められます。

　その中で注意したいことは、支援する側が子育てに入り込み過ぎて、保護者から子育てを、または保護者が育つ機会そのものを取り上げてしまわないようにすることです。

　「子どもが、教えても箸をうまく使えないで困っている。イライラして怒ってしまう」と保護者が悩んでいます。
　この保護者に対し、どのような支援が考えられるでしょうか。「保護者が育つ機会を奪わない」ことに着目した支援を考えてみましょう。

　「子育て支援」は、人々が「子どもを産み育てることに不安を持ち躊躇するようになった」社会の中で、その不安感の解消を目指し、1990 年代以降、少子化対策の施策として打ち出されたものでした。以後「子育て支援」という言葉が頻繁に使われるようになり、今では社会に根付き、その施策や事例が度々話題になっています。子育てに関する支援のニーズは多様です。何かを提供することや代行する支援が必要なケースもあれば、話を聞くことや、ヒントを提供することだけでも支援となり得るケースもあります。一方で、行き過ぎた子育て支援が、保護者の子育て力の向上を阻むこともあります。多様な支援ニーズに目を向けつつも、保護者が担うべき役割を侵害しないようにしたいものです。

プラス
α

次の事例を読んで以下の設問について考えてみましょう。

事例：子育て支援センターがないと遊べない

　２歳の子どもを連れて子育て支援センターに来た保護者が、「うちにいても何をして遊べばよいかわからないから、ここに来ました」とスタッフ（保育者）に向かってうれしそうに言いました。スタッフは「たくさん遊んで行ってくださいね」と声をかけると、「もっといろいろな施設が使えるといいのだけれど、ちょっと遠かったり人数が多かったりして……」と話が続きます。

この保護者に対する支援を、①短期的な観点での支援、②長期的な観点での支援の両側面から考え、意見を出し合ってみましょう。

参考文献

・日本ユニセフ協会ホームページ「子どもの権利条約」
https://www.unicef.or.jp/about_unicef/about_rig.html（令和5年5月17日閲覧）
・経済産業省ホームページ「ケミカルワンダータウン」
https://www.meti.go.jp/policy/chemical_management/chemical_wondertown/babygoods/page04.html（令和5年5月17日閲覧）
・太田光洋編『シードブック 子育て支援演習』建帛社　2021年
・小原敏郎・橋本好市・三浦主博編『学ぶ・わかる・みえるシリーズ　保育と現代社会　演習・保育と子育て支援』みらい　2019年
・二宮祐子『子育て支援―15のストーリーで学ぶワークブック―』萌文書林　2018年

第1編

1　現代の子育て環境と子育て支援

2　子どもの権利に基づいた子育て支援

3　支援者が行う子育て支援の基本的事項

4　保育者の行う子育て支援の特性

5　保育者に求められる相談援助の視点

6　保育者の行う子育て支援の展開過程

7　職員間の連携・協働

8　社会資源の活用と自治体・関係機関や専門職との連携・協働

第3章

保育者が行う子育て支援の基本的事項

第1節 保育者が行う子育て支援

 1 保育者の職務について

（1）保育士の役割

　保育士は、古くは「保母」と呼ばれ、また男性保育士は通称として「保父」呼ばれていました。2003（平成15）年に児童福祉法が改正され、保育士資格が国家資格として定められると、同法において、「登録を受け、保育士の名称を用いて、専門的知識及び技術をもつて、児童の保育及び児童の保護者に対する保育に関する指導を行うことを業とする者」と規定され、名称独占の専門職として位置付けられました。1999（同11）年に施行された「男女共同参画社会基本法」の影響もあり、通称として男性／女性の性別で呼び名が異なっていた民間資格の「保母」から、より専門性が求められる専門職としての「保育士」と名称が規定されたことの意義は大きいといえるでしょう。

　保育士は保育の専門職としてのスキルを身に付け、国家資格を取得した者です。そして、「保育所保育指針」には、その職務として、子育て支援を行うことが明記されています（下線は筆者による強調部分です）。

保育所保育指針
第4章　子育て支援
　保育所における保護者に対する子育て支援は、<u>全ての子どもの健やかな育ちを実現すること</u>ができるよう、第1章及び第2章等の関連する事項を踏まえ、子どもの育ちを<u>家庭と連携して支援</u>していくとともに、<u>保護者及び地域が有する子育てを自ら実践する力の向上に資する</u>よう、次の事項に留意するものとする。
1　保育所における子育て支援に関する基本的事項
　⑴　保育所の特性を生かした子育て支援
　　ア　保護者に対する子育て支援を行う際には、各地域や家庭の実態等を踏まえるとともに、

第1編

1 現代の子育て環境と子育て支援

2 子どもの権利に基づいた子育て支援

3 保育者が行う子育て支援の基本的事項

4 支援者の行う子育て支援の特性

5 保育相談援助に求められる視点

6 保育者の行う子育て支援の展開過程

7 職員間の連携・協働

8 社会資源の活用と他機関や専門職との連携・関係・協働

　　　保護者の気持ちを受け止め、相互の信頼関係を基本に、保護者の自己決定を尊重すること。

　イ　保育及び子育てに関する知識や技術など、<u>保育士等の専門性</u>や、子どもが常に存在する環境など、保育所の特性を生かし、保護者が子どもの成長に気付き子育ての喜びを感じられるように努めること。

　⑵　子育て支援に関して留意すべき事項
　ア　保護者に対する子育て支援における地域の関係機関等との連携及び協働を図り、保育所全体の体制構築に努めること。

　イ　子どもの利益に反しない限りにおいて、保護者や子どものプライバシーを保護し、知り得た事柄の秘密を保持すること。

　　ここでは、「全ての子どもの健やかな育ち」を実現することを見据えていること、「保育所側が引き受ける」という意味合いではなく「家庭と連携して支援」するものであること、そして、「保護者及び地域が有する子育てを自ら実践する力」の向上を支えることを念頭に置くべきである、ということが明記されています。また、保育所における子育て支援では、保護者の自己決定を尊重し、保育士等の専門性や保育所の特性を生かしながら、保護者が子育ての喜びを感じられるよう努めることが基本的事項として挙げられています。そして留意事項として、地域連携や協働を図ること、守秘義務を果たすことが責務とされています。このようなことをふまえ、日々子どもが過ごす保育所の特性の中で子育てを支援することが期待されているのです。

　保育所保育指針には「保育所の特性を生かした子育て支援」として、「保護者の気持ちを受け止め、相互の信頼関係を基本に、保護者の自己決定を尊重すること」と記されています。例えば、保護者が子どもの発達について心配をしている場合、保育者は連絡帳で子どもの園での様子を丁寧に伝えたり、時には保育参観（年齢によっては、保育参加）の機会を設けたりし、保護者の心配事に寄り添い、子どもの姿を共有するよう努めます。このような対応が、“保護者の自己決定の尊重”とどのようにつながるのでしょうか。考えてみましょう。

（2）幼稚園教諭の役割

　　幼稚園教諭は、「教育職員免許法」に基づき短期大学・大学等で所定の単位を修得し、卒業後各都道府県教育委員会に申請して幼稚園教諭免許状が授与されることが必要となります。

幼稚園教諭も保育士同様、保育の専門職としてのスキルを身に付け、こちらは免許を取得することとなります。そして、「幼稚園教育要領」には、その職務として、子育て支援を行うことが以下のように明記されています（下線は筆者による強調部分です）。ポイントとなるのは、幼稚園が一手に引き受けてさまざまな支援を行うという姿勢ではなく、下線部の「幼稚園と家庭が一体となって」幼児と関わる取り組みを進めることが子育ての支援になる、という考え方です。

幼稚園教育要領
第3章　教育課程に係る教育時間の終了後等に行う教育活動などの留意事項
2　幼稚園の運営に当たっては、子育ての支援のために保護者や地域の人々に機能や施設を開放して、園内体制の整備や関係機関との連携及び協力に配慮しつつ、幼児期の教育に関する相談に応じたり、情報を提供したり、幼児と保護者との登園を受け入れたり、保護者同士の交流の機会を提供したりするなど、<u>幼稚園と家庭が一体となって幼児と関わる取組を進め</u>、地域における幼児期の教育のセンターとしての役割を果たすよう努めるものとする。その際、心理や保健の専門家、地域の子育て経験者等と連携・協働しながら取り組むよう配慮するものとする。

以上のように、保育士も幼稚園教諭も、保育者は「保育をする者」であると同時に、保護者や地域の子育てを支える者、すなわち「子育て支援に携わる者」としての役割も担っているのです[1]。そのことをふまえて、この章を読み進めましょう。

（3）保育者が活躍する多様な場

幼稚園教諭免許状を取得すると、幼稚園で教諭として働くことができるようになります。一方で、保育士資格を取得すると、保育所のみならず、児童福祉施設で働くことができ、具体的には乳児院、母子生活支援施設、児童厚生施設、児童養護施設、障害児入所施設、児童発達支援センター、児童心理治療施設、児童自立支援施設などで働くことができます。そして、それぞれの場で場の特性に応じて、さまざまな子育て支援に携わるようになります。

例えば、保育所の保育士と乳児院の保育士が担う子育て支援の内容は少し異なります。厚生労働省ホームページ「社会的養護の施設等について」の「乳児院の概要」では、「乳児院の在所期間は、半数が短期で、1か月未満が26％、6か月未満を含めると48％となっています。短期の利用は、子育て支援の役割であり、長期の在所では、乳幼児の養育のみならず、保護者支援、退所後のアフターケアを含む親子再統合支援の役割が重要となります」と記されています。このように、保育の対象が保護者と離れて生活をしている乳児である乳児院においては、保護者の育児に関する困りごとや悩みに寄り添

第1編

1 現代の子育て環境と子育て支援

2 子どもの権利に基づいた子育て支援

3 保護者が行う子育て支援の基本的事項

4 保育者の行う子育て支援の特性

5 相談援助に求められる視点

6 保育者の行う子育て支援の展開過程

7 職員間の連携・協働

8 社会資源の活用と自治体・関係機関や専門職との連携・協働

いながら支援すること、退所後のアフターケアをしっかりと行うことが、子どものその後の生活・人生をよりよいものにするうえで欠かせないこととなり、子どものために必須のものとなります。しかし、いずれの場合においても、子どもの最善の利益を念頭に置き、子育てを支援していくことになります。

2 —— 保護者に対するさまざまな子育て支援

保育所保育指針では「保育所を利用している保護者に対する子育て支援」と「地域の保護者等に対する子育て支援」について書き分けられています（下線は筆者による強調部分です）。これは、保育所利用の有無にかかわらず、地域の子育てを支援することを意味します。子育て家庭はすべて地域に属しており、地域のネットワークの中で生活を営んでいます。保育所を利用している保護者に対しては、日常から相互理解を図るように努め、子育てを自ら実践する力や意欲の向上を促すためにも保育活動に参加するような働きかけをすることが求められています。その際、多様なニーズを捉え、保護者や子どものそれぞれの状況に配慮し、個別の支援を行うことが大切になります。一方、地域で生活をしている子育て家庭や保護者に対しても積極的に子育て支援をすることが期待されています。その際、地域の関係機関や人材と連携、協力し、子どもを巡るさまざまな課題に取り組むことが望まれます。

保育所保育指針
第4章 子育て支援
<u>2 保育所を利用している保護者に対する子育て支援</u>
　(1) 保護者との相互理解
　　ア 日常の保育に関連した様々な機会を活用し子どもの日々の様子の伝達や収集、保育所保育の意図の説明などを通じて、保護者との相互理解を図るよう努めること。
　　イ 保育の活動に対する保護者の積極的な参加は、保護者の子育てを自ら実践する力の向上に寄与することから、これを促すこと。
　(2) 保護者の状況に配慮した個別の支援
　　ア 保護者の就労と子育ての両立等を支援するため、保護者の多様化した保育の需要に応じ、病児保育事業など多様な事業を実施する場合には、保護者の状況に配慮するとともに、子どもの福祉が尊重されるよう努め、子どもの生活の連続性を考慮すること。
　　イ 子どもに障害や発達上の課題が見られる場合には、市町村や関係機関と連携及び協力を図りつつ、保護者に対する個別の支援を行うよう努めること。
　　ウ 外国籍家庭など、特別な配慮を必要とする家庭の場合には、状況等に応じて個別の支援を行うよう努めること。
　(3) 不適切な養育等が疑われる家庭への支援

ア　保護者に育児不安等が見られる場合には、保護者の希望に応じて個別の支援を行う
　　　よう努めること。
　　イ　保護者に不適切な養育等が疑われる場合には、市町村や関係機関と連携し、要保護
　　　児童対策地域協議会で検討するなど適切な対応を図ること。また、虐待が疑われる場
　　　合には、速やかに市町村又は児童相談所に通告し、適切な対応を図ること。
3　地域の保護者等に対する子育て支援
　(1)　地域に開かれた子育て支援
　　ア　保育所は、児童福祉法第48条の4の規定に基づき、その行う保育に支障がない限り
　　　において、地域の実情や当該保育所の体制等を踏まえ、地域の保護者等に対して、保育
　　　所保育の専門性を生かした子育て支援を積極的に行うよう努めること。
　　イ　地域の子どもに対する一時預かり事業などの活動を行う際には、一人一人の子どもの
　　　心身の状態などを考慮するとともに、日常の保育との関連に配慮するなど、柔軟に活動
　　　を展開できるようにすること。
　(2)　地域の関係機関等との連携
　　ア　市町村の支援を得て、地域の関係機関等との積極的な連携及び協働を図るとともに、
　　　子育て支援に関する地域の人材と積極的に連携を図るよう努めること。
　　イ　地域の要保護児童への対応など、地域の子どもを巡る諸課題に対し、要保護児童対策
　　　地域協議会など関係機関等と連携及び協力して取り組むよう努めること。

　　幼稚園教育要領については前述部分の再掲になりますが、下線個所が異な
りますので意識してみましょう（下線は筆者による強調部分です）。ここで
は子育ての支援のための具体的な内容（施設の開放、相談や情報提供、交流
の場をつくること）が列挙されています。幼稚園も地域の子どもの育ちを促
進する場としての役割や、保護者のケアや保護者同士の交流の場を提供する
役割などが求められ、幼稚園教諭は子育て支援活動に関する研鑽を重ねたり、
園全体で体制を整えたりしています。

> **幼稚園教育要領**
> **第3章　教育課程に係る教育時間の終了後等に行う教育活動などの留意事項**
> 2　幼稚園の運営に当たっては、<u>子育ての支援のために保護者や地域の人々に機能や施設を開放</u>して、園内体制の整備や関係機関との連携及び協力に配慮しつつ、<u>幼児期の教育に関する相談に応じたり、情報を提供したり、幼児と保護者との登園を受け入れたり、保護者同士の交流の機会を提供したり</u>するなど、幼稚園と家庭が一体となって幼児と関わる取組を進め、地域における幼児期の教育のセンターとしての役割を果たすよう努めるものとする。その際、心理や保健の専門家、地域の子育て経験者等と連携・協働しながら取り組むよう配慮するものとする。

　　幼稚園教育要領解説には、より具体的な子育て支援の活動が例示されていま
す。該当箇所をしっかり読み、どのようなものが子育て支援活動とされてい
るのか、書き出してみましょう。

第1編

1 現代の子育て環境と子育て支援

2 子どもの権利に基づいた子育て支援

3 保育者が行う子育て支援の基本的事項

4 保育者の特性と行う子育て

5 保育者に求められる相談援助の視点

6 保育者の行う子育て支援の展開過程

7 職員間の連携・協働

8 社会資源の活用と自治体・関係機関や専門職との連携・協働

また、学校教育法第24条では以下のように示されています。下線部は子育て支援を指すものといえます（下線は筆者による強調部分です）。「幼稚園においては」とされていますが、すなわち、幼稚園教諭は、「保護者及び地域住民そのほかの関係者」という不特定多数の人に対し、「相談に応じ、必要な情報及び助言を行う」ことが求められ、そのことが「家庭及び地域における幼児期の教育」を支えることにつながると読み取れるでしょう。

> 学校教育法
> 第24条
> 　幼稚園においては、第22条に規定する目的を実現するための教育を行うほか、幼児期の教育に関する各般の問題につき、<u>保護者及び地域住民その他の関係者からの相談に応じ、必要な情報の提供及び助言を行うなど</u>、家庭及び地域における幼児期の教育の支援に努めるものとする。

幼稚園では定期的に園庭開放の日が設けられている場合が多くあります。園児がいる時間帯に、地域の未就園児の親子が園に遊びに来ることが、なぜ子育て支援の一つになるのでしょうか。幼稚園教育要領解説を参考にし、自分の言葉でまとめてみましょう。

 ## 第2節　全国保育士会倫理綱領と子育て支援

前節の学びから保育者が行う子育て支援の基本的事項が少しずつイメージできたかと思いますが、ここでは、保育所で働く保育士の役割に焦点を当て、理解を深めていくこととしましょう。

保育所では、基本的に保護者の方が送り迎えをするため、保育士は毎日保護者と顔を合わせることになります。このことは、何気ない日常の場面ではありますが、とても大きな意味を持っています。なぜなら、日々、親子の様子を見て、必要に応じてサポートをすることができるからです。特別なサポートでなくとも、一言二言交わす会話から保護者との信頼関係が形成され、ともに子どもを育てていく同志のような関係づくりにもつながっていきます。

全国保育士会と全国保育協議会では、会員の行動指標を示しています。それが「全国保育士会倫理綱領」です。内容を確認してみましょう（下線は筆者による強調部分です）。

　ここでは、「子どもの育ち」を支えること、「保護者の子育て」を支えること、そして、「子どもと子育てにやさしい社会」をつくることに保育士が寄与すると明記されています。そして、「子育てを支援」し、「地域で子どもを育てる環境づくり」に努めることが示されており、これは、保育士の目の前にいる一人ひとりの子どものみならず、目の前の子どもが生きていく地域社会に目を向け、地域の子育てを支えていくことが宣言されているといえるでしょう。そして、下線部にある「保育を通して」ということが保育士の専門性を生かした子育て支援の基本だといえます。そして、子どもの育ちと保護

第1編

1 現代の子育て環境と子育て支援

2 子どもの権利に基づいた子育て支援

3 保育者が行う子育て支援の基本的事項

4 保育者の特性行う子育て

5 保育相談援助に求められる視点

6 保育者の行う子育て支援の展開過程

7 職員間の連携・協働

8 社会資源の活用と自治体・関係機関や専門職との連携・協働

者の子育てを支援するために保護者とよりよい協力関係を築くことの大切さはここでも再確認できます。

　なお、下線部の「子どもの最善の利益」には、厳密な言葉の定義はありません。だからこそ、一人ひとりの保育士が、"子どもたち"をひとくくりに考えるのではなく、それぞれ異なる"一人ひとりの子ども"の最善の利益とは何か、を第一に考えることが大切であるといえるでしょう。厳密な言葉の定義がない故に、一人ひとりの保育士（者）が「子どもの最善の利益」をどのように考え、どのように行動していくのかが問われるでしょう。

ワーク4

　第1章～第3章の学びを通して、子育て支援とは、一人一人の子どもの健やかな育ちのために行うものであることが理解できたと思います。また、「子どもの最善の利益」という言葉はよく見聞きする言葉ではあるものの、言葉の定義が厳密にはないことも学びました。

　そのうえで、ここまでのまとめとして、今現在、あなたの思う「子どもの最善の利益」とはどのようなものなのかを書き出してみましょう。そして、ここで記したものを、本書の全ての学びを終えた段階で見直すなど、バージョンアップさせていってほしいと思います。

・・・・・・・・・・・・・・・・・・・・・・・・・・・・・・・・・・・・・

_____　　年　　　月　　　日

私が思う「子どもの最善の利益」とは？

参考文献

・厚生労働省『保育所保育指針〈平成 29 年告示〉』フレーベル館　2017 年
・厚生労働省編『保育所保育指針解説 平成 30 年 3 月』フレーベル館　2018 年
・文部科学省『幼稚園教育要領〈平成 29 年告示〉』フレーベル館　2017 年
・文部科学省『幼稚園教育要領解説』フレーベル館　2018 年

【参考ホームページ】
・厚生労働省ホームページ「社会的養護の施設等について」
　https://www.mhlw.go.jp/bunya/kodomo/syakaiteki_yougo/01.html（ 令 和 6 年 2 月 1
　日閲覧）

第 **4** 章

保育者の行う
子育て支援の特性

第1編

1 現代の子育て環境と子育て支援と

2 子どもの権利に基づいた子育て支援

3 保育者が行う子育て支援の基本的事項

4 保育者の行う子育て支援の特性

5 保育者に求められる相談援助の視点

6 保育者の行う子育て支援の展開過程

7 職員間の連携・協働

8 社会資源の活用と自治体・関係機関や専門職との連携・協働

　保育者は、さまざまな個性を持ち、発達をする子どもと関わるとともに、多様な生活背景やニーズを持つ保護者とも関わり、その支援をすることが求められています。保育所等を取り巻く環境や資源、立地などさまざまなことを考慮しながら、一人一人に合った支援の在り方を考えるためには、どうしたらよいのでしょうか。この章では保育者の行う子育て支援の特性について学んでいきましょう。

第1節　子どもの保育とともに行う保護者の支援

1 ── 保育現場での子どもの姿を軸にした保護者理解と支援の考え方

　保育所等に通う子どもは、保育標準時間の場合は午前7時から午後6時までの最大11時間、保育短時間の場合は午前9時から午後5時までの最大8時間を園で過ごします。そのため保育者は、毎日子どもとともに過ごす中で、子どもの姿を継続して丁寧に観察することが可能です。一方で、子どもの保護者は日によって送り迎えする人が違ったり、受け入れ時やお迎え時に急いでいたりすることがあるため、保育者と接する時間がどうしても短くなりがちです。そのため、保育者が保護者を理解したり、保護者の支援ニーズを把握したり、保護者に対する支援を行ったりするためには特別な工夫が必要になります。

　子どもと比較して保育者と接する時間が圧倒的に短い保護者を理解するうえで手がかりの一つとなるのが、保育現場における子どもの姿です。以下の事例を見てみましょう。

事例：子どもの様子から見えてくる保護者の支援ニーズ

　A児（4歳・男児）は朝、保育所に来るとすぐに「おなかすいた」と言います。連絡帳を見ると朝ごはんの欄には「果物」とのみ記載されていることが多く、A児に「今日は朝ごはん何を食べてきたの？」と聞いても、「いちごだけ」と答えたり、「食べていない」と答えることもありました。

　保育所に持ってくる着替えも、洗濯がされていないものが入っていたり、替えの靴下が左右バラバラだったりすることがあります。着替えで左右バラバラの靴下を履いたA児が、「Aくん、今日も靴下同じじゃないの」と言うこともありました。A児が通う保育所では、給食用にスプーンなどが入った給食セットを自宅から持参することになっていますが、前日に園の給食で食べたカレーの汚れがついたままのスプーンをそのまま持参しているのに保育者が気付いたため、園で洗ってA児に渡すこともありました。

　そうしたA児の様子から、保育者はA児の保護者に余裕がなくなっているのではないかということを感じ取り、朝や帰りの時間にできるだけ声かけをするようにしました。朝の迎え入れの際に、母親に抱っこされているA児に対して「Aくん、おはよう！　今日は朝ごはん何を食べてきたの？」とさりげなく聞いてみたり、母親に「Aくん、今朝は朝ごはんを食べるのに時間がかかりましたか？」と様子を尋ねたり、「朝忙しいと、朝ごはんを食べてもらうのも大変ですよね」と労いの声をかけたりすることを心がけていきました。靴下が左右違っていたときは、お迎えの際などに「今日、Aくんの靴下が左右違ってしまっていたみたいです」とさりげなく報告しつつ、「子どもの靴下って小さいから、洗濯物の中から探すのも大変ですよね」と、保護者に寄り添う姿勢を見せることを通して、A児の保護者が何に困っているのか、またどのような支援のニーズを持っているのかなどが語られるようになることを待ちました。また、朝ごはんの大切さや、子どもにとって栄養バランスのよい食事が心と体の発達においてどのように重要かについては、A児の保護者のみに直接伝えるのではなく、園だよりなどを通じ、保護者全体に対して発信するようにしました。

　その後しばらくして、A児の母親は「いつも朝ごはんのメニューはどうやって考えているんですか？」という保育者の問いかけに対して、「それにいつも悩むんです」と答えてくれたり、「朝ごはんに何を食べさせたらいいですか？」と保育者に尋ねてくれるようになったため、忙しいようであれば、例えばタンパク質と炭水化物が同時にとれて子ども一人でも手づ

第1編

1
現代の子育て環境と
子育て支援

2
子どもの権利に基づい
た子育て支援

3
保育者が行う子育て
支援の基本的事項

4
保育者の行う子育て
支援の特性

5
保育者に求められる
相談援助の視点

6
保育者の行う子育て
支援の展開過程

7
職員間の連携・協働

8
社会資源の活用と自治体・関係
機関や専門職との連携・協働

かみで食べやすく、服なども汚しにくい鮭のおにぎりや、卵のサンドイッチなどがおすすめであると伝えました。その後、A児の連絡帳の朝ごはんの欄には、「果物」だけでなく「おにぎり」なども書かれるようになり、それ以降、A児の母親は「朝、魚を焼くのは大変なので、鮭フレークを使ってもいいでしょうか？」など、ちょっとした疑問についても、保育者に尋ねてくれるようになりました。

このように、連絡帳でやりとりされる内容などとともに保育現場での子どもの姿も、保護者を理解するうえでのきっかけとすることができます。子どもの姿を軸に保護者と会話をし、保護者との間に信頼関係をつくりながら、一人一人の保護者が持つさまざまな困りごとやニーズが引き出されるのを待ち、在園している全ての家庭への支援と個別の支援を同時に進めていくことが、保育者には求められています。

「事例：子どもの様子から見えてくる保護者の支援ニーズ」の中で、あなたは特にどの部分が気になりましたか。A児の母親に対してどのような配慮をすべきか、どのような支援ニーズが生じている可能性があるか、考えてみましょう。

また、子どもの姿から保護者理解や子育て支援を進めていく際、あなたはどのような計画を立てるでしょうか。園長や担任など、保育所内の誰が中心となり、どのようにチームを組み、いつ、どのように保護者と関わればよいのか。また、情報を集める際の優先順位は何かなど、具体的に考えていくことが大切です。ワーク2を通して考えてみましょう。

次の事例を読んで以下の設問について考えてみましょう。

事例：気になる口ぐせ
　B児（5歳・男児）は「はぁ～、つかれた！」が口ぐせです。「お散歩に行くから準備しよう」「そろそろお昼ご飯の準備をするからお片付けし

よう」などと保育者が声をかけると、「はぁ〜」と大きくため息をついて眉をひそめ、「ったく、しかたがねぇなぁ〜」と言いながら準備をし、やはり「はぁ〜、つかれた！」と言うのです。

　ある日、B児は友だちと一緒にお買い物ごっこをしていました。保育者がさりげなく子どもたちのやりとりを見守っていると、B児は友だちに「今日は金がいっぱいあるから、気にしないでどんどん使いな！　どれでも好きなもん買ってやるよ！」と言い、その表現や言い方に、保育者はびっくりしてしまいました。

・B児の園での様子から、どのような家庭の様子や保護者の姿を読み取ることができるでしょうか。気になる点を整理したうえで、理解や支援のために、どのような情報を集めるとよいか考えてみましょう。

　B児の保育所内での様子や発言がどのような意味を持つのかについてより深く考えていくためには、子どもの体調や発達の特徴、心の状態の把握や園での友だち関係の理解に加え、家庭内における保護者の口ぐせや態度、試聴しているテレビやアニメなどの内容やその視聴頻度、生活習慣などについて情報を集める必要もあるかもしれません。このように、子どもの様子を手がかりとして保護者理解や子育て支援を進めていく際も、課題の明確化やアプローチの方法などについて計画を立て、その都度振り返りや修正を行っていく必要があります。

2 —— 地域性や生活背景を考慮した柔軟な子育て支援

（1）地域性を考慮した子育て支援

　子育て支援を行うにあたっては、保育施設を取り巻く地域の地域性を考慮することが必要不可欠です。一般的に、多くの地域において保育者は、子どもが外でのびのびと遊べる環境や機会を整えようとさまざまな工夫をしていますが、例えば北海道は、冬の寒さが厳しく雪が残る期間も長いため、スキーレジャーなどに出かける家族などを除いては、雪の降り始めから4月下旬くらいまで、家族で休日に外に出かけて遊んだり、外でレクリエーションを行うということはほとんどありません。冬場は公園が雪捨て場になって立ち入りができなくなることもあるほか、雪が降ることで遊具などの点検も大変で

あるという理由から、屋外にあまり子ども向けの大型遊具がないのも特徴です。そのため、保育所では冬場に子どもが運動不足や日照不足にならないよう、室内でできる運動遊びを各年齢ごとに取り入れたり、雪道でも安全な散歩コースを確保したりするなど、地域の実態に応じたさまざまな工夫をし、

なかなか子どもを外で遊ばせることができない保護者をサポートしています。

　このように、都心のビル街にある保育施設と、海や川、山が近くにある保育所では、保護者の働き方が異なってくるのはもちろん、その地域の産業や働き方の特徴によって、子どもの転園が多いところもあれば、0歳児からの受け入れが多いところ、外国籍の子どもの受け入れが多いところもあるなど、在園児および家庭の様子も大きく異なってきます。場所が変われば子育て家庭に対する地域のサポートや意識なども異なり、各自治体によって子育て支援の取り組みもさまざまです。

　保護者に対して子どもの健康や安全に対する情報を伝える場合も、例えば冬の寒さが厳しく雪の多い地域では、子どもに対する寒さ対策や軒先などからの落雪対策のほか、霜焼けやあかぎれへの対策、暖房による乾燥対策などが必要になってきます。また、田んぼや用水路、川や海などが身近にある地域では、子どもの水の事故を防ぐ対策などが必要になってきます。車の交通量が多い地域であれば、交通事故防止のための対策が必要になり、虫や野生生物が多い地域であれば、虫刺されや野生生物由来の病気やけがなどに注意する必要が出てくるでしょう。このように、それぞれの地域の気候や地理、産業や特徴などにより、子どもを育てるうえで気を付けなくてはならないことは大きく変化します。したがって、各保育施設ごとに、各地域の特性を捉え、それを考慮した子育て支援の在り方を柔軟に考えていく必要があるのです。

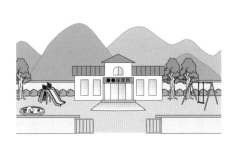

第1編

1 現代の子育て環境と子育て支援

2 子どもの権利に基づいた子育て支援

3 保育者が行う子育て支援の基本的事項

4 保育者の行う子育て支援の特性

5 保育者に求められる相談援助の視点

6 保育者の行う子育て支援の展開過程

7 職員間の連携・協働

8 社会資源の活用と自治体関係機関や専門職との連携・協働

（2）生活背景を考慮した子育て支援

　また、子育て支援を行うにあたっては、それぞれの家庭の生活背景を考慮することも大切です。子どもや家庭の生活背景を知るための最初の資料としては、子どもの発育や健康状態、生活習慣や保護者の就業状況、連絡先などについて保護者から入園時に提出される資料があります。それらは園や施設によって「環境調査票」「家庭調査票」「生活調査票」「園児調査票」などと呼ばれています。園が初めて手にするこうした資料は、各家庭の様子を知るうえでの貴重な情報になりますが、保護者の情報として書かれるのは「勤務先」や「勤務時間」「休日」などのみであったり、「職業」欄がある場合も「会社員」「団体職員」等の抽象的な記述がされることが多いため、詳しい情報を集めるためには日ごろのコミュニケーションが重要になってきます。例えば、勤務先として同じ銀行名が挙げられていたとしても、窓口と法人と融資などでは仕事の内容や勤務時間も異なってきます。また、例えば「医師」「看護師」「教師」などと書かれていた場合でも、何を専門としていて、誰を対象とし、どこで勤務しているかによって、家庭の生活背景は大きく異なり、それによって配慮すべき事柄も異なってきます。

　自営業でベーカリーを営んでいる保護者と、地元の市役所に勤めている保護者と、救急科の医師として勤務している保護者では、働き方にどのような違いがあると考えられるでしょうか。それぞれに必要な配慮とともに考えてみましょう。

第**2**節　日常的・継続的な関わりを通じた保護者との相互理解と信頼関係の形成

1── 日常的なやりとりで育まれる保護者との関係性

　子育て支援においては保護者と保育者の相互理解や信頼関係が必要不可欠ですが、同じ家に住む家族であったとしても、お互いに心から理解し合えているとは限りません。ましてや生まれも育ちも生活背景も異なる保護者と保育者がお互いを理解し合い、信頼関係を築くことは容易なことではありません。したがって、他者との信頼関係を築くのは容易ではないということと、ほんの少しの食い違いや誤解で関係が崩れ、修復が難しくなる可能性があるということを理解したうえで、日々の保護者とのコミュニケーションの一つ一つを大切に重ねていく必要があります。

　また、コミュニケーションは他者がいて初めて成立するものであるため、保育者側だけが「（保護者と）理解し合いたい」「（保護者と）信頼関係を築きたい」と思っていても不十分であり、保護者の側からも「（保育者と）理解し合いたい」「（保育者と）信頼関係を築きたい」と思ってもらえる保育者であるよう心がけることが求められます。

　保護者から「この保育者に話を聞いてほしい。自分たちのことを知ってほしい」と思ってもらえる保育者になるためには、毎日の挨拶や声かけ、保護者と接する際の表情や姿勢、連絡帳などを介したやりとりを大切にしていく必要があります。また、子どもと毎日丁寧に関わり成長に寄り添い、保護者に子どもの成長を伝えてともに喜び合う姿勢を見せることのほか、連絡帳や園だよりを丁寧に作成する中で各家庭に対する思いやりを伝えたり、園内の環境を清潔で快適に整えておくといった日々の姿勢や積み重ねもとても大切になります。

　対人関係において、第一印象というのはその後に大きな影響を及ぼすことがあるため、特に園に通い始めたばかりの保護者や、乳児の保護者などに対しては、朝の受け入れやお迎えの際に、必要最低限の挨拶をしたり子どもの情報を業務連絡のように伝えたりするだけでなく、ちょっとした会話や保護者の体調を気遣う声かけなどができるよう心がけ、保護者の表情や顔色、姿勢などにも注意を払いつつ、誠意を伝えられるようにするとよいでしょう。

1 現代の子育て環境と子育て支援

2 子どもの権利に基づいた子育て支援

3 保育者が行う子育て支援の基本的事項

4 保育者の行う子育て支援の特性

5 保育者に求められる相談援助の視点

6 保育者の行う子育て支援の展開過程

7 職員間の連携・協働

8 社会資源の活用と自治体・関係機関や専門職との連携・協働

以下の事例を読んで、C児の父親にどのように声をかけたらよいか考えてみましょう。

> **事例：いつもと様子が違う父親**
>
> 　C児（2歳・女児）の父親は、「おーい、Cー！　迎えにきたぞー！」と、いつも笑顔で元気いっぱいに歩いてお迎えにきます。「パパー！」と走り寄るC児をしゃがんでぎゅっと抱きしめた後、C児を片手で抱っこしてさっそうと帰っていくのがいつもの光景でした。
>
> 　しかし昨日と一昨日、お迎えにきたのは父親ではなく、C児の祖父でした。保育者は「Cちゃん、今日はおじいちゃんがお迎えでうれしいね」とC児に声をかけつつ、「今日はお父さんはお仕事ですか？」とC児の祖父にも笑顔で声をかけ、父親の様子をさりげなく尋ねようとしましたが、普段あまり保育者と話すことがない祖父は、「ええ、まあ。はい。」と、やや決まりが悪い様子で、すぐにC児と帰宅してしまいました。
>
> 　週が明けて数日ぶりに父親がC児のお迎えに来たのですが、今日は少し元気がなく、いつもより少し猫背になっていて、心なしか足を引きずるように歩いているようです。「パパー！」と走り寄るC児をしゃがんで抱き止めることもせず、抱っこを催促するように両手を上げているC児に対して、立ったまま「今日は一人で歩けるだろ」と、ため息をつきながら声をかけています。
>
>

　上記の事例の場合、C児の父親の身体の調子が悪そうであることや、C児に対する声かけなどの様子が普段と違うことに気付き、「もしかすると、どこかお身体の具合が悪いのですか？」「いつもと歩き方が違うように思ったのですが、どうかされましたか？」「この間、お父さんがお迎えにいらっしゃらなかったので、どうかされたのかと心配していたんですよ」などと声をかけることで、父親からの情報提供を促すことができるかもしれません。このように、保育者から保護者への声かけは、保護者との間に信頼関係を形成するうえでとても大切です。しかしその一方で、心ない声かけや適切でない声

第1編

1 現代の子育て環境と子育て支援

2 子どもの権利に基づいた子育て支援

3 保育者が行う子育て支援の基本的事項

4 支援者の特性行う子育て

5 保育相談援助に求められる視点

6 保育者が行う子育て支援の展開過程

7 職員間の連携・協働

8 社会資源の活用と自治体・関係機関や専門職との連携・協働

かけがあると、保護者との信頼関係が損なわれてしまうこともあるため、日ごろの言葉遣いや表現が適切であるかを振り返る機会を持つとともに、自分の発言には慎重である姿勢も必要です。

ワーク5

2歳になる子どもの発達を心配している保護者に対する以下の保育者の発言はどのように望ましくないか考えてみましょう。

「2歳児さんの親御さんは、みなさんよくそういう心配をされるんですけど、大丈夫ですよ。私は他の子もたくさん見てきているのでわかります」

2 ── 保育者による保護者理解と保護者による保育への理解

日々の丁寧な関わりとその積み重ねの中で、保護者との距離は少しずつ縮めていくことができます。保育者が保護者を理解したいと心から望み、その思いが保護者に伝わっていく過程で、双方の間にコミュニケーションが生じ、そのコミュニケーションを通して、保育者は保護者それぞれの生活背景や考え方、ニーズや困りごとなどを知ることができます。また、相互理解のためには、相手のことを知るばかりではなく、保育者や園のことについて保護者に知ってもらう必要もあるでしょう。保育について保護者に理解してもらうための一番の方法は、子どもに対して十分に配慮の行き届いた質の高い保育を行うことですが、それ以外にも連絡帳でのやりとりや園だより、遠足や保育参観などの行事、子育て支援のためのイベントなども積極的に活用していくことが望ましいといえるでしょう。園だよりや子育て支援イベントの内容、ポートフォリオやドキュメンテーションにおける子どもに対する保育者の眼差し、保護者や子どもに対する配慮や姿勢などを通じて、保護者は園の保育について理解を深めることができます。

保護者が園の保育に対して理解を深めることにより、保護者が安心して子どもを園に預けて仕事に出ることができるようになるほか、災害発生時や感染症の流行などにより休園になった際、子どもの健康と安全を守るために保護者と協力したりなど、いざというときにも保護者からの理解や支援を得やすくなるというメリットもあります。

第**3**節　保護者や家庭の抱える支援ニーズへの気付きと多角的な理解

❶── 保護者の多様さへの理解と多様な支援の必要性

　保育をする際は、子ども一人一人の発達の様子や特性を理解し、それに寄り添った支援やサポートを考え、実行していく必要があります。一人一人個性は異なり、誰一人として同じ子どもはいないため、「子どもの育ちを支える」という目標は同じであっても、そこに至るためのアプローチ方法や最適な支援方法は一人一人異なっています。これを言えばどんな子どもであっても絶対に興味を持ってくれるというセリフや、この絵本であればどんな子であっても絶対に笑顔になるという絵本などがないように、子どもの成長や個性の理解に加えて、その時々の状況に合わせた臨機応変な対応が必要になることはいうまでもありません。それと同じように、保護者も一人一人個性は異なり、誰一人として同じ人はいないため、同じ職業の保護者や同じタイプに見える保護者であっても、支援のためのアプローチ方法や最適な支援方法はそれぞれ異なります。また、たとえある程度信頼関係が築けている保育者が相手であったとしても、保護者は心の中で思っていることの全てを打ち明けてくれるわけではないということを心に留めておく必要があるでしょう。

　そのほかにも、「わが子がかわいくて仕方がない」といったような、一般的によいと思われる内容は語られやすい一方で、「ついカッとなって子どもを叩いてしまうことがよくある」といった、言いづらく、保育者から注意されたり非難の対象になりそうだと思われる内容についてはなかなか保護者の口からは語られない点にも注意が必要です。

　このように、保護者はその背景や信条だけでなく、相手との信頼関係の築き方や打ち解け方、感情の表し方まで千差万別であるため、「保護者」とひとくくりにして理解しようとするのではなく、保護者の多様さを理解しようとする姿勢を持ち続けるとともに、保護者も日々変わりゆく存在であることを理解したうえで一人一人に合わせた多様な支援を考えていくことが求められているといえるでしょう。

❷── 当事者が気付かない支援ニーズへの気付き

　一言でニーズといってもその定義にはさまざまな見解があり、内容や分類

第1編

1 現代の子育て環境と子育て支援

2 子どもの権利に基づいた子育て支援

3 保育者が行う子育て支援の基本的事項

4 保育者の行う子育て支援の特性

5 保育者に求められる相談援助の視点

6 保育者の行う子育て支援の展開過程

7 職員間の連携・協働

8 社会資源の活用と自治体・関係機関や専門職との連携・協働

表４－１　上野によるニーズの４類型

当事者	第三者	該当するニーズ
顕在	顕在	承認ニーズ
潜在	顕在	庇護ニーズ
潜在	潜在	非認知ニーズ
顕在	潜在	要求ニーズ

出典：上野千鶴子・中西正司編『ニーズ中心の福祉社会へ—当事者主権の次世代福祉戦略—』医学書院　2008年　pp.11-17を参考に作成

方法もさまざまです。例えばブラッドショウ（Bradshaw, J.）はニーズを、①本人によって自覚されたニーズ（felt needs）、②本人によって表出されたニーズ（expressed needs）、③同じような状況で支援を受けている人に対して受けていない人のニーズ（比較ニーズ：comparative needs）、④行政や専門家が判断するニーズ（規範的ニーズ：normative needs）の４つに分類しています。また、上野千鶴子は、ニーズの生成に関わる人を当事者と第三者に分け、ニーズの生成過程を「顕在化」、それ以前を「潜在ニーズ」に分類したうえで、それらを組み合わせた４つの類型を提案しています（表４－１）。

　こうした分類からも分かるように、困りごとや支援のニーズは、当事者から支援者に語られることもありますが、何らかの理由によって語られないこともあります。特に当事者自身が心身ともに疲弊している場合などは、自分の心身の状態を正しく捉えたり、自分が置かれている状況を冷静に分析したり、他者に助けを求めたりする力が低下する傾向があるため、自分自身の支援ニーズに気付くことができなかったり、気付いていたとしても他者に助けを求めることができなかったりといった状態に陥っていることがあります。特に、ＤＶなどの被害を受けている場合や、うつ状態などに陥っていたりする場合などは、そうした危険性が高まると考えられます。以上について、当事者を保護者、支援者を保育者に置き換えて整理すると、「何か困っていることはありますか？」と尋ねた際、保護者が笑顔で「特にありません」と答えたとしても、それだけで「『ない』と言っているからこの保護者は何も困っていないのだな」と、その発言を鵜呑みにして安心してしまうことはせず、その裏に本人が気付かない支援ニーズが潜んでいる可能性を常に頭の片隅に置きつつ、子どもの様子や保護者の様子に常にアンテナを張っておく姿勢が保育者に求められていることが分かるかと思います。

　またもう一つの注意点として、保護者から支援ニーズが語られたとしても、その発言内容が、その人にとっての支援ニーズの全てを反映しているとは限らないということが挙げられます。例えば、「夫には、もう少し早く帰って

きてほしいと思っているんです」と保護者が語った場合、配偶者の帰宅時間さえ早まれば、保護者の支援ニーズが全て満たされるというわけではありません。その語りの背景には、降園後の家事育児の大変さを誰かに手伝ってもらいたいという思いや、仕事の愚痴などを誰かに聴いてほしいという思い、仕事が繁忙期なのでお迎えを夫に代わってもらいたいという思いなどのほか、さまざまなニーズや思いが隠されている可能性も考えられます。

　このように、語られた支援ニーズに対応することも大切ですが、それと同様に、語るに語れない支援ニーズを抱える苦しみにも保育者は対応していく必要があります。当事者から語られない支援ニーズに気付いたり、語られたニーズの裏にある真のニーズに心を寄せることができるようにするためにも、日ごろから子どもの保育などを通じて、表出されないニーズへの感受性を高めていく必要があるといえるでしょう。

以下の保護者の発言を読んで、下の設問について考えてみましょう。

「うちの夫は、いつも仕事が忙しいからとか疲れているからと言って、家で家事育児を全くやろうとしないんです。共働きで私も仕事でヘトヘトになりながら料理をしたり洗濯したりしているのに、夫は家にいてもずっとゴロゴロしながらテレビを見たりスマートフォンでゲームをしたりしていて、子どもをお風呂に入れたり寝かしつけをすることさえ、『ママの方がいいって言ってるよ』などと言って嫌がるんですよ。まあ、娘が生まれてからずっとこんな感じなので、もう慣れちゃいましたけど」

・保護者は「もう慣れちゃいました」と発言していますが、その発言を文字通りに受け取ってよいと思いますか。そう思う理由、あるいはそう思わない理由についても考えてみましょう。

福祉分野では、支援が必要であるにもかかわらずその支援が届いていない人に対し、関係機関などが対象者に積極的に働きかけて情報や支援を届けるプロセスのことをアウトリーチと呼んでいますが、地域や関係機関と連携しながら、子育てに関するニーズの掘り起こしや支援のための積極的な活動をしていくことの必要性も、今後さらに増していくと考えられます。

また、困ったことがあった際にそれを一人で抱え込むのではなく、信頼できる他者を見極めてそれを打ち明け、助けを求めるための援助希求力を、保護者・保育者にかかわらず一人一人が高めていくための工夫をしていくことも大切だといえるでしょう。

以下の設問について考えてみましょう。

① あなたが本当は全く大丈夫ではないにもかかわらず、「大丈夫」「心配しないで」と答えてしまうときはどのようなときか考えてみましょう。
② 困っているときや助けてほしいときに「困っています」「助けてください」というためには、助けを求める側と求められる側それぞれに、どのような条件がそろっている必要があるでしょうか。本人や相手の性格、状況、お互いの関係性などの側面からどのような条件がそろえば、助けを求めやすくなるのかを考えてみましょう。

第4節　子ども・保護者が多様な他者と関わる機会や場の提供

1 ── 子育て家庭と多様な他者との関係の希薄化

近年は住環境などの変化により、子育て家庭と多様な他者とが関わる機会が減少している傾向にあります。例えば高層マンションに住んでいる家庭の場合、同じマンションに同じ月齢の子どもがいたとしても、お互いに交流する機会はほとんどなく、エレベーターなどで他の家族と一緒になったとしても、お互いに挨拶すらしないということも珍しくないといいます。また、防犯の観点から第三者の自由な出入りを制限している集合住宅や、ドアに表札を掲げない住宅などもあるほか、プライバシー保護の観点から、地域イベン

1 現代の子育て環境と子育て支援

2 子どもの権利に基づいた子育て支援

3 保育者が行う子育て支援の基本的事項

4 保育者の行う子育て支援の特性

5 保育者に求められる相談援助の視点

6 保育者の行う子育て支援の展開過程

7 職員間の連携・協働

8 社会資源の活用と自治体・関係機関や専門職との連携・協働

トなどで交流の機会があったとしてもお互いに家庭の事情については深入りしないルールが設けられるなど、他者と密接な関係を築くことが難しくなっていると考えられます。防犯上の理由から、地域の連絡網や園の連絡網などもつくられない傾向にあるため、子育て支援のためのお知らせを配ったり、家庭訪問をしたりといった、子育て支援に関連する活動をするにあたってのハードルも以前より高くなっているのが現状です。

2 —— 保育活動中のさまざまな機会や場

　上記のような社会的状況の中にあって地域ぐるみで子育てを支援していくためには、保育所等に通う子どもや子育て家庭が多様な他者と交流したり、同じ子育て家庭とのつながりを構築したりする機会を増やしていくことが必要です。保育所等が中心となって地域の人が誰でも参加できる夏祭りやバザー、お話し会などのイベントを開催することは、こうした機会を創出する一助となっているともいえるでしょう。

　季節のイベントのような大規模かつ一時的なものだけでなく、お散歩中に街の人やお店の人などに挨拶をしたり、公園で他の園の保育者や子どもと一緒になった際にお互いに挨拶をしたりといった、日々の小さな積み重ねを継続的に行っていくことも、地域とのつながりをつくってくためには大切です。

3 —— 地域交流の機会と地域の子育て支援に関する情報の提供

（1）地域交流の機会の提供

　代々その土地で暮らしている祖父母や曽祖父母と子育て家庭が同じ家で同居して暮らしている場合、すでに家庭と地域とのつながりができているため、隣近所との付き合いの頻度が高かったり、地域のお祭りや普段の買い出しなどでさまざまな人から声をかけられたり、さまざまな人を紹介してもらったり、地域の係などを引き受ける機会が回ってきたりすることが多くあります。そうした環境にあると、子育て家庭の方から地域に積極的に関わろうとしな

1 現代の子育て環境と子育て支援

2 子どもの権利に基づいた子育て支援

3 保育者が行う子育て支援の基本的事項

4 保育者の特性を行う子育て支援

5 相談援助に求められる視点

6 保育者の行う子育て支援の展開過程

7 職員間の連携・協働

8 社会資源の活用と自治体・関係機関や専門職との連携・協働

くても、地域との交流の機会は自然と多くなる傾向があります。

　しかし、生まれ故郷から離れた土地で家庭を築いた核家族の場合などは、「古くからの知り合い」や「祖父母や曽祖父母がお世話になった人（お世話した人）」などが存在しないため、子育て家庭が自ら積極的に新たな土地で新たな人間関係を構築するための行動を起こさない限り、地域の人と交流する機会をつくることは難しいのが現状です。また、先にも述べたように、特に都心部や高層マンションなどに暮らしている場合、お互いのプライバシーを侵害しないようにという気遣いや防犯意識の高さなどから、隣近所や同じ階に暮らしている人の家庭環境や様子などはおろか、お互いの名前すら知ることができないこともあります。

　全く知らない土地のそのような状況下で、同世代や多世代と交流する機会を子育て家庭が自らつくり出すことは容易ではありません。そこで、核家族化などによって地域との交流が少なくなりがちな子育て家庭に対し、地域ぐるみで子育て支援を行っていくために、園が子育て家庭と地域とが交流する機会を提供していくことが必要になってくるのです。

事例：小さな挨拶から広がる環

　２歳児クラスの子どもたちのお散歩コースの途中にある公園では、しばしば黒いトランクを持った初老の男性がベンチに座っているところを目にします。保育者はその男性を見かけるたびに、子どもたちと挨拶をしていました。するとある日、男性の方から「いつも挨拶をしてくれてありがとうございます。みなさんはどこの保育園なんですか？」と声をかけられました。会話を進めるうちに、その男性は退職後に地元や施設などで大道芸をしている人であることが分かり、「子どもたちのためであれば、いつでも手品や大道芸を見せにいくので呼んでください」と、連絡先が書かれた名刺をくれました。園に帰って園長にそのことを報告したところ、ぜひお願いしましょうということになり、その後さまざまな連絡や確認などを経て、在園児とその家族などが集まる夏祭りのイベントで、その男性に大道芸を披露してもらうことになりました。夏祭り当日、その男性は立派なタキシード姿で現れて芸を披露し、普段間近で大道芸を見る機会が少ない

子どもたちも保護者も多いに楽しみ、イベントは大盛況のうちに幕を閉じました。

　後日、ある保護者から「この間の夏祭りで大道芸の人が来たという話を実家の母にしたところ、祖父が入居している施設にもよく来てくれている人だったそうなんです。その施設には、フラダンスサークルの人もよく来てダンスなどをしてくれているそうなんですが、その人たちもぜひ声をかけてほしいと言っていたので、連絡先を渡しておきますね」という話があり、また別の保護者からは「実は私の姉はバイオリン奏者なのですが、姉に頼めば演奏してくれると思うので、よかったらぜひ声をかけてください」といった話がありました。

　その後、園では地元で活躍しているさまざまな分野のプロやアマチュアの方をしばしば招いてミニイベントを開催するようになり、園に通っていない子どもや家族、地域の方などがそれを見に園を訪れる機会ができてきました。その際に、園内の環境や園の取り組みなどを目にしたことから入園を決めたり、地域の子育て相談の存在を知って支援施設に足を運ぶようになったり、保育者に子どもの発達相談をしたりする保護者の数が増えるなど、さまざまな活動や支援に発展していきました。

　この事例のように、日ごろの保育や子育て支援のためのイベントなどを通して、地域で活動している人やグループなどとのつながりが形成されたり、そうした活動や連携の中で、気になる子どもや家庭の情報がもたらされることも少なくありません。地域社会におけるさまざまな年齢層の多様な人々とのつながりの場を創出することは、未就学児や子育て家庭だけではなく、それに関わる全ての人々にとってのウェルビーイングの向上や地域の活性化にもつながります。地域の中で人と人とのつながりが育まれ、活性化していくことは子どもの発達にプラスの効果が期待できるだけでなく、子育て家庭が子育てをしやすい地域社会の形成にもつながっていくと考えられます。

ワーク8

「事例：小さな挨拶から広がる環」の中で、それぞれの登場人物はどのようにつながり合っていたでしょうか。話の順番に登場人物を書き出し、関係がある人同士を線でつなぎ、どのようなネットワークが形成されていったのか、その様子を図で表しながら整理してみましょう。

第1編

1 現代の子育て環境と子育て支援

2 子どもの権利に基づいた子育て支援

3 保育者が行う子育て支援の基本的事項

4 保育者の行う子育て支援の特性

5 保育者に求められる相談援助の視点

6 保育者の行う子育て支援の展開過程

7 職員間の連携・協働

8 社会資源の活用と自治体・関係機関や専門職との連携・協働

また子育て支援においては、園が主体的に企画をして外部から人や団体を招くばかりでなく、例えば小中高等学校などが実施するイベントに参加・協力したり、地元企業や地域団体が主催する企画やイベント、行事に参加・協力するなど、園が外部からの声かけや要請に応えていくといった連携の仕方も存在します。このように、未就学児とその保護者だけでなく、地域の子ども全体の健全育成という観点から地域全体で連携・協力していくことも、社会全体で子育てを支援していくための必要な取り組みであるといえるでしょう。

（2）地域の子育て支援に関する情報の提供

子ども・子育て支援法第59条では、市町村が行う地域子ども・子育て支援事業として、利用者支援事業、延長保育事業、放課後児童健全育成事業（放課後児童クラブ）、子育て短期支援事業、乳児家庭全戸訪問事業、地域子育て支援拠点事業、一時預かり事業、病児保育事業（病児・病後児保育）、子育て援助活動支援事業（ファミリー・サポート・センター事業）、妊婦健康診査や、養育支援訪問事業、要支援児童・要保護児童等の支援に資する事業など、13事業が示されています。しかし、こうした事業の存在や利用方法などの詳細を、子どもを授かる前に全て把握している子育て家庭は決して多くありません。そこで保育所等は、地域で展開されているこうした事業の実施状況や実施時期、実施計画はもちろん、事業を利用したい場合の申請方法や参加方法、窓口や担当者などを把握し、その情報が必要だと考えられる子育て家庭に伝えたり、利用のためのサポートをしたりすることが必要になります。

また、地域の関係機関や専門機関と連携して子育て家庭を継続的に支援していくためには、まず地域にどのような関係機関や専門機関が存在しているのかを把握しておく必要があります。地域の子育て支援を支える関係機関や専門機関としては、児童相談所、保健所、障害児支援関係機関などがあり、関係者としては民生委員、自治会役員などが挙げられますが、それ以外にも多種多様な機関や関係者が存在しているため、地域ごとに子育て支援に関わる機関や関係者の情報を集め、日ごろからお互いに連携するための関係づくりをしておく必要があります。

地域の関係機関や専門機関もしくは民間団体も、さまざまな子育て支援に

役立つ活動を行っていますが、団体によって活動の周知の方法は多種多様であるため、地域の子育て支援に関する情報をまとめたり、それらの情報を子育て家庭に届けたりするために、園の入り口や情報コーナーに自治体が行っている子育て支援に関するパンフレットやチラシなどを置いたり、ポスターを掲示したりといった工夫をしている園も多く見られます。

また、既存の子育て支援に関する情報を提供するだけでなく、園が独自に行っている子育て支援の情報については、園から地域に対して積極的に発信していくことも必要です。近年では防犯上の理由などから個別に家庭を訪問するという方法が取りづらくなっているため、SNS を活用したり、園のホームページで情報を発信したりといった取り組みを行う園も増えてきました。保育所等やそこで働く保育者には、古くからのよいやり方や価値ある取り組みを大切にしつつも、時代のニーズを捉え、それに柔軟に対応しながら子育て支援をしていく臨機応変さが、今後さらに求められるようになるといえるでしょう。

「園で子育て支援のためのイベントを開催しても、参加する人はいつも決まっている。来てほしいと思っている人にはなかなか来てもらえない」「本当に困っている保護者ほど、なかなか園のイベントにも来てもらえない感じがする」という保育者の悩みに対し、あなたはどのように考えますか。また、あなたであれば、どのような工夫をするでしょうか。できるだけたくさんのアイデアを考えてみましょう。

園の子育て支援に関する取り組みを、地域の子育て家庭に対して SNS で発信したいと考えた際、どのような点に注意する必要があるか考えてみましょう。

プラス
α

この章で取り上げたさまざまな支援ニーズのうち、あなたが重要であると感じたものはどのようなニーズでしたか。1つ挙げてみましょう。また、その支援ニーズに応えるためには、園でどのような子育て支援のための企画を行うことができるしょうか。園で行うことができる子育て支援のための企画を考え、多くの人に参加してもらえるようなお知らせ、もしくはポスターを作成してみましょう。

参考文献

・伊藤健次・土屋幸己・竹端寛『「困難事例」を解きほぐす―多職種・多機関の連携に向けた全方位型アセスメント―』現代書館　2021年
・上野千鶴子・中西正司編『ニーズ中心の福祉社会へ―当事者主権の次世代福祉戦略―』医学書院　2008年
・小田兼三・杉本敏夫編『社会福祉概論』勁草書房　2006年
・厚生労働省「保育所等関連状況取りまとめ（令和3年4月1日）」2021年
・厚生労働省「2021年　国民生活基礎調査の概況　世帯数と世帯人員の状況」
・厚生労働省『保育所保育指針〈平成29年告示〉』フレーベル館　2017年
・厚生労働省編『保育所保育指針解説　平成30年3月』フレーベル館　2018年
・文部科学省『幼稚園教育要領〈平成29年告示〉』フレーベル館　2017年
・文部科学省『幼稚園教育要領解説』フレーベル館　2018年
・内閣府・文部科学省・厚生労働省『幼保連携型認定こども園教育・保育要領〈平成29年告示〉』フレーベル館　2017年
・内閣府・文部科学省・厚生労働省『幼保連携型認定こども園教育・保育要領解説』フレーベル館　2018年

第1編

1 現代の子育て環境と子育て支援

2 子どもの権利に基づいた子育て支援

3 支援者が行う子育て支援の基本的事項

4 支援者の行う子育て支援の特性

5 保育者に求められる相談援助の視点

6 支援者の行う子育て支援の展開過程

7 職員間の連携・協働

8 社会資源の活用と自治体・関係機関や専門職との連携・協働

第 5 章

保育者に求められる
相談援助の視点

第 1 節　保育分野における相談援助の重要性と基本的態度

1 ── 保育と相談援助（ソーシャルワーク）

　前章までで学んだように、保育者には保育に関する知識や技術をふまえ、保護者を支援することが求められています。日常生活の中での子育てを含む困りごと[★1]を保護者が抱えていた場合、保育者は課題解決に向けて対応することが必要です。その際に必要となる援助技術を、社会福祉分野では「相談援助（ソーシャルワーク：social work）」と呼んでいます。

★1
社会福祉分野では「生活課題」といいます。

　近年、保育の分野では「保育ソーシャルワーク」とも言われ、経済的な問題、家庭内不和、仕事と子育ての両立、障害などの子どもの発達上の問題を含むさまざまな「就学前の子育て家庭に固有の問題について、保育や地域子育て支援の現場で支援や援助を展開すること」[1]と定義されており、その対象には保護者を含む子育て家庭や地域も含まれます。また、保育所保育指針解説では、保育所における子育て家庭への支援に関して、次のように記されています[★2]。

★2
保育所保育指針解説第4章－1－（2）。

> 保育所における子育て家庭への支援は、このような地域において子どもや子育て家庭に関するソーシャルワークの中核を担う機関と、必要に応じて連携をとりながら行われるものである。そのため、ソーシャルワークの基本的な姿勢や知識、技術等についても理解を深めた上で、支援を展開していくことが望ましい。

　このように、保育者は子どもや子育て家庭に関するソーシャルワークの中核を担う機関と必要に応じて連携して子育て支援を行っていくため、保育技術だけではなく、ソーシャルワークに関する基本的な姿勢や知識、技術等を学んでおく必要があるのです。

第1編

1 現代の子育て環境と子育て支援

2 子どもの権利に基づいた子育て支援

3 支援者が行う支援の基本的事項

4 支援者の行う子育て支援の特性

5 保育者の行う子育て相談援助に求められる視点

6 保育者の行う子育て支援の展開過程

7 職員間の連携・協働

8 社会資源の活用と自治体・関係機関や専門職との連携・協働

❷ ── エンパワメントの意義と課題

　相談援助においては、「エンパワメント」と呼ばれる重要な援助概念があります。エンパワメントとは、子ども、女性、高齢者、障害者など、社会的弱者の立場に置かれやすい人々が、「自身のパワーに気づき、状況を変えられると感じる自己効力感を高め、それを可能とする個人的パワーを十分に発揮し、必要な社会資源を活用して、環境と適合して人間として尊厳のある生活を送るプロセス」[2] を意味します。したがって、社会的弱者に置かれやすい人たちが自身のパワーを取り戻すことができるよう、社会福祉士などの援助者が困りごとを抱えている「利用者やその家族」、さらには「地域」などの「環境」を改善できるよう働きかけていきます。

　保育の分野に置き換えると、保護者自身が子育ての問題に対して主体的に取り組み、問題解決能力を高めることができるよう、保育者が保護者を含むその家族のほか、子育て家庭を取り巻く地域などの環境を改善するために働きかけていくのです。その際に、子育て家庭が持つ特性や可能性を理解したうえで、保護者との良好な関係を構築できるような関わり方が求められます。

　ただし、エンパワメントという援助理念は「エンパワメントの逆説」と呼ばれているように、援助者の支援により利用者が受け身の立場になった結果、利用者が主体的にパワーを獲得する力が弱まってしまうという危険性も指摘されています。このように、援助者の意図した結果とは正反対の状態に利用者が陥る危険性にも十分に注意を払いつつ、援助者は「その都度その都度手探りでクライエントとともに対話を重ね、援助の方向性や在り方を、常に、互いに模索し続け」[3]、利用者（クライエント）の状況を見極めて対応することが重要となります。

❸ ── ストレングスとは

　生活に困りごとや課題を抱えていては、保護者が本来持つ良さや長所を子育てを行う際に十分に発揮できないことがあるため、保育者には保護者の潜在的な能力や可能性等を引き出し、かつ状況や特性を考慮したうえで、保護者が前向きに子育てに向き合えるよう支えることが求められます。また、それらを起点にして良好な関係の基盤を築くと同時に、適切かつ的確な支援に向けた環境づくりを行うことも大切です。

　社会福祉分野では、「強み」という概念を「ストレングス（strengths）」と呼び、「長所」とも表現されます。ストレングスは、「個人」と「環境」の2

つの側面から捉えられます。子育ての場面で考えると、次のようなことが考えられます。「個人」のストレングスには「子どもと過ごす時間を大事にしている」「根気強く物事に取り組んでいる」「健康のために毎日ウォーキングしている」などのように、「人柄や個性、才能、技能、生活に抱く願望や抱負、興味、望ましい生活習慣の継続、経験、経験からくる自負など」[4] が挙げられます。「環境」のストレングスには、「自治体による子育ての手当がある」「地域の中に子育てを支えてくれる人がいる」「児童館が近所にある」というように、制度的環境、経済的環境、人的環境、住環境などが含まれます。

　保育者は送迎、面談、行事等を通して保護者と接する機会があり、子育て家庭の日々の様子を確認できます。そうした保護者との接点を日々大切にして関わった結果として、相手の内面や取り巻く環境にあるストレングスを見いだせるようになり、置かれている状況や特性を徐々に整理することができます。そして、保育者が「ストレングスを発揮できる環境を整備」し、保護者や地域が持つ子育てを実践する力の向上につなげていきます。ただし、相手のストレングスを効果的に引き出すためには、相手を捉える自分自身の特性や思考パターンなどを認識しておくこと（自己覚知）[★3] も必要となります。

★3
援助関係や状況の中で起こる自分の状態（自分の価値観や感情、行動パターンなど）を理解し、ありのままの自己を理解し認めることを自己覚知といいます。

友人やきょうだい、親など身近な人たちのストレングスを、個人（人柄や個性、技能、生活習慣）、環境（制度的環境、人的環境、住環境）の観点から見つけてみよう。その際、見つけられた範囲で書いてみましょう。

身近な人たちの属性（友人、きょうだい、親など）	身近な人たちの強み		具体的内容
	個人	人柄や個性	
		技能	
		生活習慣	
	環境	制度的環境	
		人的環境	
		住環境	

4 ── バイスティックの7原則とは

　子育て家庭が抱える生活課題を解決するためには、保護者との援助関係を

築きながら支援を行うことが必要です。この援助関係に必要な援助者による利用者（クライエント）への基本的態度を示したものに、バイスティックの7原則があります。この原則を保育の分野に照らして考えると、援助者は保育者、利用者（クライエント）は保護者（や子どもなど）に置き換えて考えることができ、参考になります。ここではバイスティックの7つの原則の要点を、下記に示します。

①保護者を個人として捉える（個別化）

保育者が保護者を単に「一人の人間」としてだけではなく、独自性を持つ「特定の一人の人間」として捉えて援助するという原則です。一人一人培ってきた生活体験、思考や感情、能力、身近にある社会資源なども異なることを認識し、相手の特性をふまえた援助を行うことが重要です。

②保護者の感情表現を大切にする（意図的な感情表出）

保育者が保護者の否定的な感情を含め自由に表現したいという欲求（ニーズ）を受け止め、認識するということです。保護者の感情表現を妨げ、非難するのではなく、援助という目的をもって耳を傾けることが重要です。

③保育者は自分の感情を自覚して吟味する（統制された情緒的関与）

保育者が保護者の感情に対する感受性を持ち、保護者の感情を理解するということです。その際、保育者は援助する目的を意識しつつ、自分の内面から湧き出る感情や態度を自覚し見極めたうえで、保護者の感情に対して動作や表情、言葉などを通して適切に反応することが重要です。

④受け止める（受容）

保育者が保護者の人間としての尊厳と価値を尊重したうえで、否定的な感情や批判的な態度を含め、ありのままの姿を理解し関わるということです。保育者が保護者の逸脱した態度や行動を容認するのではなく、援助を通してありのままの姿に向き合い、対応することが重要です。

⑤保護者を一方的に非難しない（非審判的態度）

保育者が保護者に対して良いか悪いか、あるいは保護者が持っている問題やニーズに対して保護者の責任があるかなどを判断すべきではないということです。保育者が保護者の態度や行動や判断基準を、多面的に評価することが重要です。

⑥保護者の自己決定を促して尊重する（保護者の自己決定）

保育者は保護者自らがやるべきことや進む道を選択し決定することができるよう援助するということです。援助を意義あるものとするためには、問題解決の方向などに関して、保護者が自分で選択する自由を持っていることを理解することが重要です。

第1編

1 現代の子育て環境と子育て支援

2 子どもの権利に基づいた子育て支援

3 保育者が行う子育て支援の基本的事項

4 保育者の行う子育て支援の特性

5 保育者の相談援助に求められる視点

6 保育者の行う子育て支援の展開過程

7 職員間の連携・協働

8 社会資源の活用と自治体・関係機関や専門職との連携・協働

⑦秘密を保持して信頼感を醸成する（秘密保持）

　保育者は、保護者が援助を通じて打ち明けた秘密などの情報を守らなければならないということです。保育者の倫理的な義務であり、保護者との援助関係を形成するうえでも重要な要素です。なお、援助過程においては、社会福祉機関や他機関の専門家にも情報が共有されることがあります。その場合、保護者や子ども、他者に危険が及ぶ場合を除いて、保護者の了承を得て情報の共有を進める必要があります。

　バイスティックの7原則は「互いに独立したものではない」[5]と指摘されており、援助関係を築くうえでどの原則も非常に重要です。ただし、この原則を忠実に実行することに気をとられ、保護者の真意やニーズを読み間違えてしまわないようにすることや、状況に応じて臨機応変に対応できるよう自己研鑽を重ね、原則を生かせるよう自身の援助方法を見つけることが求められます。

以下のような保護者のニーズがある場合、保育者はどのような配慮が必要なるのか、バイスティックの7原則をもとに考えてみましょう。

各原則	保護者のニーズ	保育者による配慮
①個別化	自分を一人の個人として大切に扱い、周りと比べないでほしい。	
②意図的な感情表出	自分は今どのような気持ちなのか知ってほしい。	
③統制された情緒的関与	自分の感情や思っていることを自由に思い切り表現したい。	
④受容	どのような状態の自分でも受け止めてほしい。	
⑤非審判的態度	善悪を決めないでもらいたい。否定されたくない。	
⑥保護者の自己決定	あくまで自分で決めたい、決定を後押ししてほしい。	
⑦秘密保持	自分が話した秘密を守ってほしい。	

出典：永野典詞・岸本元気『保育士・幼稚園教諭のための保護者支援―保育ソーシャルワークで学ぶ相談支援―新版』風鳴舎　2016年　p.73をもとに作成

第2節 保育専門職に求められるカウンセリング等の技術

1 ── 面接★4 する際の技術と留意点

★4
保育現場では「面談」という言葉を用いることが一般的ですが、ここではカウンセリング等の技術に沿って学ぶため、「面接」と表記しています。

　カウンセリングとは、「言語的及び非言語的コミュニケーションをとおして行動の変容を試みる人間関係」[6]と定義され、「人の行動・思考・感情のいずれか、もしくはすべてを変容・修正する援助方法」[7]といわれています。子育て支援においては、保育者が「日常的・継続的に、保育や援助活動の中でカウンセリングの理論や技法を活かすことにより、安心できる保育の環境や人間関係」[8]を築くことができ、子どもや保護者などが自己を形成する一助になると指摘されています。

　実際のカウンセリングは、「表情、視線、語調、ジェスチャー、姿勢、対人距離、沈黙など」[9]の非言語的技法および言語を使った言語的技法を活用しながら、臨機応変に保護者の悩みに応じて対応しますが、保育者と保護者の間の信頼関係を構築しながら行われます。カウンセリングには主に以下の5つの技法がありますが、ここでは保育の分野に置き換えて整理します（表5－1）。

表5－1　主な5つのカウンセリングの技法とその内容

技法	内容
①受容	「非審判的・許容的態度」で相手の話を聴くこと。
②支持	保護者の意見に「賛成」や「同意」を伝え、自己肯定感が育まれるように支援すること。
③繰り返し（要約の技法を含む）	保護者の話を注意深く聴きながら、話の一部または全てを言い返すこと。または、話の要点を伝え返すこと。
④明確化	保護者が伝えたい内容や意識していない内容を、分かりやすく言語化すること。
⑤質問	「はい」「いいえ」で答えられる「閉ざされた質問」および英語の5W1Hを駆使して、保護者の答えを引き出す「開かれた質問」を行い、相手を心理的に支援するうえで役立てるための情報収集を行う。

出典：日本保育ソーシャルワーク学会監修『保育ソーシャルワークの内容と方法』晃洋書房　2018年 pp.103-105、冨田久枝・杉原一昭編著『改訂新版 保育カウンセリングへの招待』北大路書房 2016年 pp.31-36をもとに作成

1 現代の子育て環境と子育て支援

2 子どもの権利に基づいた子育て支援

3 保育者が行う子育て支援の基本的事項

4 保育者の特性と行う子育て支援

5 保育者の相談援助に求められる視点

6 保育者の行う子育て支援の展開過程

7 職員間の連携・協働

8 社会資源の活用と自治体・関係機関や専門職との連携・協働

①受容

　受容は、バイスティックの７原則にもありましたが、保護者が話した内容に関して善悪や良否の判断をしないよう注意しながら耳を傾け、保育者が受け入れていることを言葉で伝えることです。例えば、保育者に対して保護者が「子育てがうまくいかず、つらいんです」と自分の気持ちを打ち明けた際、保護者は自分が行った行為に対する罪悪感や至らなさなどを感じていることがあるため、保育者は「そのように思っていたのですね」などと受け止めていることを相手に示すことが重要となります。

②支持

　支持は、例えば「意識して言葉かけの回数を増やしていたら、子どもが最近よく言葉を話すようになったと思う」と保護者が話した内容に対して、「確かにおっしゃる通りだと思います」というように、保育者も賛同したことを伝えることで、相手の自己肯定感を高めることです。それにより、保護者も自分の見解が間違っていないことを確認でき、不安が解消されることもあります。ただし、相手の発言の真意やこれまでの経緯や状況を考慮して発言する必要があります。

③繰り返し

　繰り返しは、例えば、子どもの退院が決まったことをうれしそうに報告してくれた保護者が、続けて「子どもが退院したら、子育てと自分の仕事をどうすればよいのか気になって、最近眠れないんです」と話した際に、「お子さんの退院後の仕事と子育ての両立について心配になって、寝付けないのですね」というように、相手の話の一部または全てを伝え返すことです。その際、相手の言葉を一語一句繰り返すことや専門用語などの難しい言葉を多用しないことなどが留意点として挙げられます。

　また、相手の長い語りの要点を相手に伝え返す「要約」という技法は、繰り返しの技法の応用と言われています。利点として「相手が自分の気持ちや抱えている問題を整理する」[10]ことができますが、話の要点を相互に確認し共有できるように注意を払う必要があります。

④明確化

　明確化は、例えば「子どもをどのように褒めたり、叱ったりしているのですか？」と保護者から質問されて答えた際、保育者が「お子さんへの伝え方が気になっているのですか？」というように、保護者が伝えたい内容や意識していない内容を分かりやすく言語化することです。それにより、相談者である保護者自身が何に関心や意識を向けているのかを再確認できます。ただし、相手との良好な関係が一定程度構築されていない場合、保護者が負担に

感じることもあるため、慎重な対応が必要となります。

⑤**質問**

　質問は、相手の考えや事実、相手を取り巻く状況の確認を含む、幅広い情報を引き出す際に必要となる技術です。「本日は、朝食をとりましたか？」というように「はい」「いいえ」で相手が回答できる質問を行うことを「閉ざされた質問」といいます。閉ざされた質問は相手の心理的負担が少なく、事実や意思確認ができるなどの利点がありますが、多用すると問い詰められているような感覚や自分の話を聴いてもらえていないという気持ちを相手が抱いてしまうことがあります。

　また、「開かれた質問」は、「その時、具体的にどのような状況でしたか？」というように、英語の5W1Hなどを活用して相手の考えや見方、相手を取り巻く状況などを引き出すための質問を指します。相手の考えや気持ちを深く理解でき、強みを引き出すことができるなどの利点がありますが、明確な回答が得られないことや話が本題から逸れてしまうことなどに注意を払う必要があります。

2 ── 面接する際の距離感と環境の設定

　上記の技法以外にも相談内容に応じて座り方や相手との距離の取り方を工夫するなど、「照明・色彩・温度・家具の配置などの物的環境」[11]にも配慮して対応することによって、相手の心理的負担を軽減し、本音を話しやすくすることも重要です。面接は基本的に1対1で行われますが、面接者である保育者と被面接者である保護者（子どもなども含む）などの座席の位置関係は、面接の目的や信頼関係の度合いにより変わるため、保育者は、表5－2に示す利点と留意点を考慮して面接環境を設定します。なお、表5－2には、①対面法（正面法）、②斜面法、③直角法（90度法）、④並列法を図示していますので、状況や相手に応じて活用するとよいでしょう。

第1編

1 現代の子育て環境と子育て支援

2 子どもの権利に基づいた子育て支援

3 保育者が行う子育て支援の基本的事項

4 保育者の行う子育て支援の特性

5 保育援助に求められる視点

6 保育者の行う子育て支援の展開過程

7 職員間の連携・協働

8 社会資源の活用と自治体・関係機関や専門職との連携・協働

表５－２　面接時の座る位置による利点と留意点

😊：保育者　😊：保護者　⇄：目線

形態	座席の位置関係	利点	留意点	イメージ図
①対面法（正面法）	保育者と保護者が対面して着席する。	相手に視線を投げかけやすい。身体的に近い位置関係に苦痛を感じる人には、向いている。	緊張感を相互に与えやすく、目の置き所に困ることもある。	
②斜面法	保育者と保護者の位置が斜めになるよう着席する。	必要に応じて視線を相手に向けることができる。	相手との親しみやすさを重視する場合は、相手によそよそしさを感じさせるため、不利になることがある。	
③直角法（90度法）	保育者と保護者が、机の角を挟んで90度の位置に着席する。	互いに適度に視線を向けやすく、身体的に近いため、親しみを感じやすい。	身体的に近い位置関係に苦痛を感じる人や視線を合わせようとしない回避的な人は、緊張感を感じることもある。	
④並列法	保育者と保護者が互いに肩を並べる位置に着席する。ただし、一般的な面接場面というよりも、それとなく話を進める際に用いられることがある。	身体的に距離が近くなるため、親密さを最も得られやすい。	身体的に近い位置関係に苦痛を感じる人や信頼関係が十分に形成されていない場合は、避けた方がよい。	

出典：米山直樹・佐藤寛編著『なるほど！心理学面接法』北大路書房　2018年　pp.17-19をもとに作成

実際に保育者役と保護者役になって、表5－2の4パターンで着席し、次の会話をしてみましょう。また、気付いたことを挙げてみましょう。

保育者：お休みのところお越しいただき、ありがとうございました。今日は昨日と違って、晴れて気持ちの良い天気ですね。お子さんも、外遊びがしたくなるような陽気ですよね。

保護者：本当にそうですね。今日のような天気だと、いつも外遊びをしたいと言うので、できる限り休みの日には、近所の公園に行って一緒に遊んでいます。

下記の保育者と保護者の会話では、保育者がどのようなカウンセリング技法を用いていると考えますか。具体的にその箇所にアンダーラインを引き、技法を挙げてみましょう。

保育者：遅くまでお仕事お疲れさまです。今日は一日お忙しかったですか？

保護者：そうですね。今の時期は繁忙期で、職場で休む暇もなく仕事に追われている状況です。ゆっくり休む暇もない中で、家事もいろいろやらなければならなくて……。帰宅後にＡ子の様子を十分に見ながら関われるか心配しています。夫が仕事のために家にいる時間もあまりないので、余計に不安になってしまうんですよね。

保育者：そうなんですね。教えてくださり、ありがとうございます。仕事と家事・育児で大変なのですね。そのような中でも、Ａ子ちゃんと過ごす時間も大事にしたい気持ちを持っていらっしゃるお母さんは、本当にすてきですね。お母さん自身は、何か困りごとはありませんか？

保護者：夜はＡ子もしっかり眠ってくれるので、今のところ大丈夫です。いつもＡ子のことを心配していたので、話せて少し安心しました。

第1編

1 現代の子育て環境と子育て支援

2 子どもの権利に基づいた子育て支援

3 支援者が行う子育て支援の基本的事項

4 支援者の特性保育者が行う子育て支援

5 保育者の相談援助に求められる視点

6 保育者の行う子育て支援の展開過程

7 職員間の連携・協働

8 社会資源の活用と自治体・関係機関や専門職との連携・協働関係

第3節　保育者に求められる倫理的配慮・秘密保持

　児童福祉法第 18 条の 21 に「保育士は、保育士の信用を傷つけるような行為をしてはならない」と明記されているように、保育士には専門職としての社会的な信頼を確保するための倫理的配慮や秘密保持をすることが求められます。また、同法第 18 条の 22 に「保育士は、正当な理由がなく、その業務に関して知り得た人の秘密を漏らしてはならない。保育士でなくなつた後においても、同様とする」と規定されているように、保育士には業務を通じて得た情報の漏洩を禁止することが定められています。なお、保育士に関して、全国保育士会と全国保育協議会により「全国保育士会倫理綱領」が 2003（平成 15）年に策定され、その前文には次のように書かれています★5。

★5
全文は第 3 章 p.38 を参照してください。

> 私たちは、子どもの育ちを支えます。
> 私たちは、保護者の子育てを支えます。
> 私たちは、子どもと子育てにやさしい社会をつくります。

　このように、保育の仕事を通じて子どもの育ち、保護者の子育てを支えながら、子どもと子育てにやさしい社会を形成することを目指しています。さらに、それを実現するために保育士が守るべき 8 つの行動原理として、①子どもの最善の利益の尊重、②子どもの発達保障、③保護者との協力、④プライバシーの保護、⑤チームワークと自己評価、⑥利用者の代弁、⑦地域の子育て支援、⑧専門職としての責務が挙げられています。ここには、プライバシーを保護することを含め、保育士が専門職として自己研鑽を重ね、人間性および専門性の向上を目指すことが記されています。

　ただし、保育者が保育を行う中で相反する複数の倫理が求められ、どのような選択をしたとしても何かが犠牲になり、専門職が決定を下す際に葛藤が生じることや決定自体が困難になるという、「倫理的ジレンマ」が生じる可能性があり、その対応に苦慮する可能性も指摘されています[12]。次の事例から、倫理的ジレンマについて考えてみましょう。

第1編

1 現代の子育て環境と子育て支援

2 子どもの権利に基づいた子育て支援

3 支援者が行う子育て支援の基本的事項

4 支援者の行う子育て支援の特性

5 保育者相談援助に求められる視点

6 保育者の行う子育て支援の展開過程

7 職員間の連携・協働

8 社会資源の活用と自治体・関係機関や専門職との連携・協働

事例：どうする？　箸で食べる練習

B児（4歳・男児）の母親は、B児の担当保育者であるC先生に対して、給食を食べるとき、B児が必ず（補助器具がついていない）箸で食べるようにしてほしいと求めてきました。母親は「もう年中さんなのになかなかうまくならない。もうすぐ帰省するのに、このままだとしつけに厳しい祖母に私もBも注意されてしまう」と、その理由を述べました。B児の給食セットには箸しか入っていないため、B児は食べ終わるまでに時間がかかったり、うまく箸でつかめないと手づかみ食べをしてしまうこともあります。早く食べ終わりたいB児がイライラしている様子も見られます。C先生は、B児の精神的な安定のためにも、献立を見て一緒に相談しながら、メニューによって箸とフォークを使い分けることを提案しました。

　この事例の場合、C先生は母親に、楽しい気持ちで食べることも食育であることを伝えることが大切です。さらに、家庭でのB児の食事の様子や食具の使い方について情報収集すると同時に、園ではどのように箸の練習を進めていくのか、母親と協力しながらB児が箸を使えるように援助することが求められます。母親と意見の調整がつきにくい場合は、母親の意思を尊重するのか、B児のストレス軽減を優先するのか、他の保育者や母親以外の家族、栄養士などの専門家の意見を聞くことも援助の方向性を決める一助になります。

　保育現場で生じる倫理的ジレンマについて研究した亀﨑美沙子は、「子どもの保育」と「子育て支援」という保育者の役割の二重性に伴う保育者の葛藤には、図5−1にあるように「子どもと保護者の意向の“対立”から生じる」場合と「子どもと保護者の意向の“一致”から生じる」場合があり、その根底には保育者が「『子どもの最善の利益が保障されていない』という思いがあること」[13]を明らかにしています。また、実践現場や専門職、地域社会に対する倫理責任を明確化したうえで、子育て支援の実践場面に活用可能な専門職倫理を明らかにするためには、倫理的意思決定を支える共通の指針や具体的な行動規範[14]を明示することが必要であると述べています[★6]。

　こうした課題に対応するためにも、全国、地方自治体、保育施設での研修の実施など、保育者養成および保育現場での倫理教育の充実を図ることのほか、さまざまな調査を通じて倫理問題や倫理的ジレンマに関する事例収集を

★6
全米乳幼児教育協会（NAEYC）のNAEYC倫理綱領では、専門職として不可欠な7つの「中核的価値」を示したうえで、保育者の「倫理的責任」について、①子ども、②家族、③同僚、④地域と社会の4つの観点のほか、それぞれに理念と原則が記されており、保育者がどのような倫理的責任を持つのかが明確になっています。

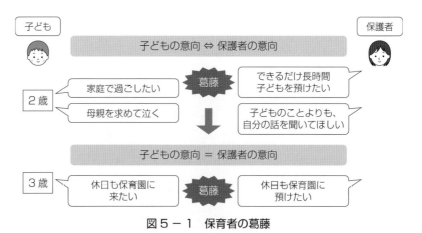

図5－1　保育者の葛藤

出典：亀﨑美沙子『保育の専門性を生かした子育て支援―「子どもの最善の利益」をめざして―』わかば社　2018年　p.78

進め、倫理学に関する知見を取り入れながら検討することが求められています。何より職場におけるチームワークや、関係する他の専門機関、専門職との連携などを通じて「倫理的ジレンマ」の問題を実践知として共有できるような環境づくりが重要となると考えられます。

全国保育士会倫理綱領の8つの行動原理を読み、関心のある原理を取り上げ、その理由について自分の考えをまとめてみましょう。

引用文献

1）倉石哲也・伊藤嘉余子監修、倉石哲也・鶴宏史編著『保育ソーシャルワーク』ミネルヴァ書房　2019 年　p.15
2）社会福祉士養成講座編集委員会編集『相談援助の基盤と専門職　第 3 版』中央法規出版　2015 年　p.127
3）稲沢公一・岩崎晋也『社会福祉をつかむ　第 3 版』有斐閣　2019 年　p.270
4）前掲書 1）　p.39
5）Ｆ・Ｐ・バイステック、尾崎新・福田俊子・原田和幸訳『ケースワークの原則─援助関係を形成する技法─　新訳改訂版』誠信書房　2006 年　p.28
6）冨田久枝・杉原一昭編『保育カウンセリングへの招待　改訂新版』北大路書房　2016 年　p.9
7）前掲書 6）　p.10
8）大竹直子『やさしく学べる保育カウンセリング』金子書房　2014 年　p.8
9）前掲書 6）　p.23
10）前掲書 6）　p.31
11）前掲書 1）　p.91
12）前掲書 1）　p.32
13）亀﨑美沙子『保育の専門性を生かした子育て支援─「子どもの最善の利益」をめざして─』わかば社　2018 年　pp.77-78
14）亀﨑美沙子「子育て支援における保育士の葛藤と専門職倫理」『日本家政学会誌』第 72 巻第 7 号　2021 年　p.47

参考文献

・笠師千恵・小橋明子『相談援助　保育相談支援』中山書店　2014 年
・亀﨑美沙子「保育士の役割の二重性に伴う保育相談支援の葛藤─親・子の相反ニーズにおける子どもの最善の利益をめぐって─」『保育学研究』第 55 巻第 1 号　2017 年
・須藤昌寛『イラストでわかる 対人援助職ためのコミュニケーションと面接技術』中央法規出版　2022 年
・竹田伸也編『対人援助の作法─誰かの力になりたいあなたに必要なコミュニケーションスキル─』中央法規出版　2018 年
・チャールズ・Ａ・ラップ、リチャード・Ｊ・ゴスチャ、田中英樹監訳『ストレングスモデル─リカバリー志向の精神保健福祉サービス─　第 3 版』金剛出版　2014 年
・冨田久枝・杉原一昭編『保育カウンセリングへの招待　改訂新版』北大路書房　2016 年
・日本保育ソーシャルワーク学会監修、鶴宏史・三好明夫・山本佳代子・柴田賢一責任編『保育ソーシャルワークの思想と理論』晃洋書房　2018 年
・日本保育ソーシャルワーク学会監修、永野典詞・伊藤美佳子・北野幸子・小口将典責任編『保育ソーシャルワークの内容と方法』晃洋書房　2018 年
・Ｆ・Ｐ・バイステック、尾崎新・福田俊子・原田和幸訳『ケースワークの原則─援助関係を形成する技法─　新訳改訂版』誠信書房　2006 年
・三浦麻子監修、米山直樹・佐藤寛編『なるほど！ 心理学面接法』北大路書房　2018 年

第 **6** 章
保育者の行う子育て支援の展開過程

　保育者の行う子育て支援の対象は多岐にわたりますが、本章では保育所等に通っている子どもの保護者に対する支援について考えていきます。

　ここで取り上げる子育て支援は、保育者が助けを必要とする保護者に気付くところから始まり、面談をして状況を整理し、支援計画を立案・実施し、評価し、終結するという過程をたどります（図6 - 1）。「終結」といっても、新たな課題が生まれたり、難しい問題が残ったりする場合は、それらを再び整理して、次のステップ（次の支援計画の立案）へと移行することになります。

図6 - 1　支援の展開過程

第**1**節　子どもおよび保護者の状況把握

1 ── 状況を把握するときの考え方

　本章で検討するのは、保育の場に通っている子ども、つまり、いつも関わっている子どもの保護者を対象とする子育て支援ですから、基本的な情報（家族構成や親族との関係性など）はすでに把握できていることが多く、預かっている子どもの「今とこれまで」の姿から保護者の状況や状態について、ある程度は類推することができるでしょう。この関係性が、思い込みや先入観につながらないように気を付ける必要はありますが、日常の保育をもとにした信頼関係が土台にあることは、支援を考えるうえで大きな強みになります。

　先に「思い込み」や「先入観」と書きましたが、支援の必要な保護者の中

第1編

1 現代の子育て環境と子育て支援

2 子どもの権利に基づいた子育て支援

3 保育者が行う子育て支援の基本的事項

4 保育者の特性を行う子育て支援

5 保育者に求められる相談援助の視点

6 保育者の行う子育て支援の展開過程

7 職員間の連携・協働

8 社会資源の活用と自治体の機関や専門職との連携・協働関係

には、「助けてほしい」「困っている」という声をあげられない事情を抱えている方がたくさんいることをまず念頭に置く必要があります。子どもが園に通っているからこそ、大丈夫なふりをしてしまうケースもあるでしょう。保育者は「保育の専門家」であるため、保育者が担う子育て支援は、第一に「子どもの保育を通して行う支援」です。カウンセラーでも友人でもない、保育の専門家である保育者は、子どもや保護者の「いつもと違う」「何か気になる」に気付ける立場にあります。その保育者ならではの「気付き」をベースに支援が始まります。つまり、「いつもの子どもの姿」「いつもの送迎時の雰囲気」「いつもの連絡帳でのやりとり」など、いろいろな「いつも」をしっかりと観察することがとても大切になるのです。

② ── 状況把握の技術や方法

　子どもや保護者の状況を把握するための技術や方法、そして把握した情報を記録する方法はいくつかあります（表6−1）。状況を把握しようとするときに、気付いたことや分かったことを言葉にして書き記すことがとても重要な意味を持ちます。書くことによってできごととできごとのつながりが見えてくることもありますし、自分の観察の視点も明確になるからです。

　また、保育者が子育て支援を行うとき、一人で問題を抱えてはいけません。主に窓口となる一人を決めることはありますが、園長や主任等と相談しながら複数名で通常の保育業務の中で関わります。

　在園児の子育て支援は、保護者との面談からスタートします。面談では園で使用している子育て支援に関する所定の用紙、例えばフェイスシート等に必要事項を記入していくとよいでしょう（表6−2）。ジェノグラムやエコマップを用いると家族や社会資源との関係性を一目で把握できますし（図6−2〜4）、チェックリストを使うと、共感しながらも相手の感情に巻き込まれずに、問うべき項目を押さえることができます。

表6−1　記録の方法と内容

記録の方法	目的・内容
フェイスシート	目的：本人の現状を把握すること。他の職員と情報共有する目的もある。 内容：ジェノグラムやエコマップ等も用いて本人と家族の状況が記録される。
ジェノグラム	目的：家族関係の移り代わりや世代間連鎖を把握するために作成。 内容：相談者が中心になる親族関係の図。
エコマップ	目的：利用可能な社会資源を把握するために作成。 内容：社会生活に必要な人や機関との距離や関係を可視化したもの。

表6－2 フェイスシート（例）

園　児	（　　　組）	記録日	年　月　日（　　）
生年月日	年　月　日（　歳　か月）	記録者：	
保護者		相談メンバー：	

家族構成（ジェノグラム）	関係機関・関係者（エコマップ）

保護者の状況・様子・訴え

子どもの状況・様子

課題・ニーズ

長期の目標

短期の目標	支援内容・方法	評価・見直し
・ ・	・ ・	

図6-2　ジェノグラムの表記で使用する記号（一部）と使用例

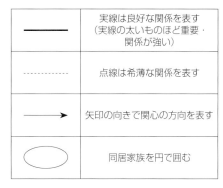

図6-3　エコマップで使用する記号や線（一部）と使用例

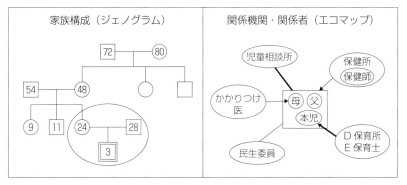

図6-4　ジェノグラムとエコマップの描き方例（3歳男児が対象児）

　ただし、ここで注意すべきは、目的を見失わないことです。ジェノグラムやエコマップを作成すること、チェックリストにチェックを入れることが目的ではありません。尋問ではなく、保護者の話を聴き、一緒に支援の方法を探るための面談です。つらい気持ちや不安な気持ちを言葉にすることは、人によってはかえってつらい作業になってしまう場合もあります。まずは、保護者と保育者が安心して対話できる環境を整えることが大切になってきます。どこに座るのか（正面、斜め前、隣）ということについても、相手との関係や話の内容によって「ちょうどいい」は変わります。

以下のような訴えをする母親とその相談を受ける保育者役に分かれて、面談のロールプレイをしてみましょう。

【相談者】6歳（小学校1年生・男児）、1歳2か月（女児）の母親。
【保育者】就職して1年目の保育者

母親の訴え
「離乳食を一生懸命つくっているのに、ハイチェアーから食器を落としたり、手でぐちゃぐちゃにして机にこすりつけたりして、ほとんど食べないのがつらいんです。お兄ちゃんはよく手伝ってくれるんですが、ちょっとしたことにも厳しい口調で注意してしまう自分が嫌でたまらなくって……」

「夫の帰宅は、子どもたちの入浴や食事の片付けを終える21時ごろです。そこから夫は子どもと遊ぶので寝かしつけも遅くなって、朝起きるのも遅くなって……。彼に仕事が忙しいと言われると、私は時短勤務にしているのに、とイライラしちゃうんです」

「両親は元気です。ただ、実家は遠方で。最近、引越してきたので友だちも近くにいないんです。義父母は近くに住んでいて、よく夕飯のおかずを持ってきてくれます。ありがたいのですが、味付けが濃いので子どもに食べさせるのは少し心配で……」

「下の子があんまり食べないので栄養バランスの面で発育が心配なのと、今後、勤務が時短でなくなったときのことも不安で仕方ないです。ここのところずっと眠れなくて体力的にもつらくて。子どもたちはとてもかわいけれど、すべて投げ出したい気分です……」

①保育者役は相槌をうったり、共感したりしながら、話を聴き、メモをとりましょう。必要に応じて質問もしてください。相談者は、この母親の気持ちを考えながら、そのつらさを訴えてください。
②この相談事例について、表6−2のフェイスシートに分かる範囲で記入してみましょう。

第1編

1 現代の子育て環境と子育て支援と

2 子どもの権利に基づいた子育て支援

3 保育者が行う子育て支援の基本的事項

4 保育者の行う子育て支援の特性

5 保育者に相談援助の求められる視点

6 保育者の行う子育て支援の展開過程

7 職員間の連携・協働

8 社会資源の活用と自治体・関係機関や専門職との連携・協働

ワーク1のロールプレイを行ってみて、どのように感じましたか。母親の気持ちになってみることに難しさを覚えた人もいたことでしょう。母親はこの悩みを「子どもが離乳食を食べないこと」と「眠れなくて体力的につらいこと」として考えているようですが、その奥には「自分ばかり頑張っている」という不満、「いい母親でありたい」という焦りもありそうです。

誰かの立場に身を置くことはとても難しいことです。また悩みの渦中にいる人が保育者に相談することや、保育者が口をはさまずに傾聴することの難しさに気付いた人がいたかもしれません。話を親身に聴きながらメモをとることに申し訳なさを感じた人もいたでしょう。質問することも難しかったかもしれません。

「話す」ことや「聴く」こと、ちょうどいいタイミングで「質問する」ことや端的に「答える」こと、そして聴いたことを「記録する」ことは、簡単ではありませんが、学生時代から身に付けられるスキルでもあります。実習等の保育現場だけでなく、講義や演習の授業でも、ぜひメモをとる練習をしてみてください。

第2節　支援計画と環境の構成

1 ── 支援計画の意義

保育所等での子育て支援は、先に触れた通り「日常の保育を通して行う」ため、子どもの保育それ自体が支援です。連絡帳や送迎時を使った個別的なやりとり、お便りや掲示板を使った情報提供などは、子育ての不安を軽減し、子育てを楽しむ余裕を生むものになります。しかし、保護者の抱える課題はさまざまであり、個別の支援を必要とする場合も出てきます。個別対応が必要なときは、前節で学んだ状況把握の技術や方法を使って、現状を認識することから始めます。この状況把握が支援の土台です。

支援を必要とする保護者に気付き、その状況を把握すると、取り組むべき課題やほぐしていきたい問題が見えてくるはずです。大きくて難しい課題も、丁寧に探っていくと優先順位と最初の一歩が見えてきます。その一歩を踏み出すと、問題の見え方が変わってきます。その順番を考え、最初の一歩、そして続くステップを見つけるために、支援計画を立てること（プランニング）が重要な意味を持ってきます。

❷ ── 支援計画の立て方、長期目標と短期目標

　支援は園全体で取り組みますが、外部の専門機関によって提供される支援も視野に入れて計画を立案します。「保護者の子育てを支援する」というとき、支援の対象は保護者であり、相談の際には保護者の訴えを中心に聴くことになりますが、保育者は子どもの普段の姿や様子をふまえて、その子どもの最善の利益を常に追求することを忘れてはいけません。

　支援計画は、保護者との面談を経て作成したフェイスシートに沿って、以下のように項目を分けて考えます。

```
① 保護者の状況・様子・訴え
② 子どもの状況・様子
③ 課題またはニーズ（子どもの課題・保護者のニーズ）
④ 目標（長期・短期）
⑤ 評価
```

　保育の指導計画を立てる際にも、年間計画の大きな見通しの中で、月案、週案、日案を考えますが、支援計画も同様に、長い目で見て「こうなってほしい」と願って（長期目標）、その状態に至るための道のりや手段（短期目標）を思い描き、「いつ、誰が、誰に対して、何をするのか」を考えます。そして達成できる見込みのある具体的な目標を立て、小さなステップを刻みます。

　1か月あるいは数週間単位で時間を区切って、その都度評価をし、必要に応じて目標の再検討や課題の再設定をしていきます。PDCA（計画─実行─評価─改善）の考え方を使って、モニタリングをしながら、状況の変化に応じて柔軟に計画を見直せる仕組みをつくっていきましょう。

❸ ── 環境の構成（人的環境、物的環境、空間的環境）

　支援計画に沿って保護者を支援するための「環境」と聞いて、どのような場面を思い浮かべるでしょうか。第1節で触れたように、面談をするときの雰囲気（空間構成）はとても大切です。相手の立場になって、今どんな環境が求められているのかを考えてみてください。自分のことを親身に考えてくれる人の存在を感じられることは、自己肯定感を高め、大きな力になります。面談をする場所（空間的環境）や関わり方（人的環境）、支援を外部の専門機関と連携して行うための地域資源（社会的環境）などの大切さを思い浮かべる人が多いかもしれません。

第1編

1 現代の子育て環境と子育て支援と

2 子どもの権利に基づいた子育て支援を行う

3 支援者の基本的事項保育者が行う子育て

4 支援者の特性行う子育て

5 保育者相談援助の求められる視点

6 支援の展開過程保育者の行う子育て

7 職員間の連携・協働

8 社会資源の活用と自治体・関係機関や専門職との連携・協働

この個別支援のための環境はもちろん重要ですが、個別支援は園全体の保育の中に位置付いて初めて成り立ちます。「子育て支援」というと、通常の保育ではなく、子育てに困難を抱える保護者に対して特別な働きかけをすることが主になると考えがちですが、そうではありません。保育者は子どもの発達を学び、子ども一人一人の育ちと集団の育ちを支える専門家です。保育者の行う子育て支援の主軸もそこにあります。

子どもの保育は「環境を通して」行います。子育て支援も「環境を通して行う」ことが基本です。「環境」は自分の周りの物や事象など、自分以外のすべてのことを指しますが、このように「環境」を広義に捉えると、どこから何を考えてよいかが分からなくなってしまいます。そこで、園内の子育て支援につながる環境をまず「人」「物」「空間」の3つの視点で考えてみましょう。

①**人的環境：保育者や他の保護者の存在など**

保育者の子どもとの関わり方、遊びや語りかけの様子を見ること、言葉づかいやテンポ、トーンを聴くことは、保護者にとっての大きな学びにつながります。また、懇談会のような特別なときだけでなく、送迎のときなどに偶然同じ時間に居合わせた他の保護者と挨拶を交わすことや話をすることが、保護者の心を軽くすることもあります。

②**物的環境：ドアの鍵の位置、おもちゃや絵本の配置、各種掲示物など**

「物」というと「動く物（おもちゃや絵本）」をイメージしがちですが、それだけではありません。園の設備や展示・掲示物からもたくさん学ぶことがあります。例えばドアの鍵が子どもの手の届かないところについていることから「子どもが開けて外に出て行ってしまう危険」を想像できますし、給食の見本が展示されていれば、子どもが食べる量やメニューの参考になります。また園庭の花や七夕飾りなどで季節を感じますし、近くの子育てイベント等の情報が掲示されていたら、休園日の予定に悩む保護者にはよい助けになるでしょう。

③**空間的環境：明るさや音、色合いや匂い、温度や湿度など**

環境を構成しているのは、「物」のように手に取れるもの、目に見えるものだけではありません。「安心できる温かい雰囲気」と聞いて、どんな空間を思い描きますか。例えば玄関が薄暗かったら、歓迎されている感じはするでしょうか。お祭りの日でもないのに、原色の飾りがたくさんついていて煌々と明かりがともっている部屋で落ち着いて悩み相談ができるでしょうか。そう考えると、目的や対象、体調や気分によって「ちょうどいい」が変化することも想像できます。

①〜③の項目で例示したように、抽象的なことを考えるときには、具体的なケースを思い浮かべると理解が深まります。一般的な「空間」ではなく、訪問したことのある保育所を事例にして考えてみるとよいでしょう。

みなさんがいる教室で、この授業の今を切り取り、①人的環境、②物的環境、③空間的環境について、まず「現状」を書き出してみましょう。そして、活動の目的と内容を定めたうえで、「より悪い環境」と「より良い環境」を考えてください（例えば、活動の目的として「授業での学びの共有」、活動の内容として「複数名でのグループワーク」等）。表に書き入れたら、その内容をグループで共有してみましょう。

活動の目的：
活動の内容：

	より悪い環境	現状	より良い環境
① 人的環境			
② 物的環境			
③ 空間的環境			

　環境を構成しているものを取り出して書き上げてみると、これまで気に留めてこなかったものに囲まれていたことに気付きます。そして、それぞれの書き出した物や事柄が同じだったり、違ったりした理由を考えてみると、より深く相手のことを知ることにつながります。人はそれぞれに個性的な存在で、大切にしていることや気になることが異なって当然です。自分のイメージする「良い環境」を押しつけることなく、対話の中でお互いの「ちょうどいい環境」を探っていきたいものです。
　ワーク2は、自分の周りの人的、物的、空間的環境への視点を養い、子どもの育ちにとってのより良い環境について考えられるようになるための第一

歩です。みなさんが保育者としての専門性を持ち、保護者や子どもたちととも　に対話を重ねながら環境をつくっていけるようになってほしいと思います。多くの保護者にとって、子どもとの生活は子育てが始まるまでは馴染みが薄く、その環境を考える機会はほぼないといってよいでしょう。核家族化と少子化が進む現代では、「子どもとの遊び方や関わり方が分からない」という悩みは切実です。赤ちゃんとの関わり方を学ぶ講習会や月齢に応じた過ごし方を示すインターネットサイトも数多くあります。あふれる情報の中で右往左往している保護者にとって、日々の保育を通して、その子の今に相応しい環境や遊び、関わり方を伝えることができる身近な保育者の存在は貴重であり、心安らぐものです。

　子どもの大らかで健やかな育ちには豊かな遊びの環境と保護者との親密で穏やかな関わりが欠かせません。忙しくて、「今ここ」を大切にできる心身の余裕を見つけられない保護者に、子どものゆったりした時間の流れ、子どもと関わる「今」の大切さを伝えるにはどうしたらよいか、保育者は考える必要があります。保護者と子どもが心身ともに健やかに過ごすことができるような環境構成について、保護者と子どものそれぞれの気持ちになって想像してみましょう。

 ## 第3節　支援の実践と記録・評価・カンファレンス

1 ── 支援を行う際の視点

　支援計画を立てた後は、その計画に基づいて実践します。支援を実践する際には、集団の中であっても個別の援助や配慮をし、また、保育者と保護者の連携に留意することを念頭に置くとよいでしょう。支援の実践の際には「乳児の個別計画」や「特別な配慮を要する子ども」に対する保育の考え方を思い出してください。支援を進めるときに「正しさ」は大切ですが、計画通りに進めることばかりにとらわれていると、相手の立場を想像して相手の置かれた状況に思いを馳せる「優しさ」が薄れてしまうことがあります。また、支援には「さりげなさ」も大切です。実践する支援が、保護者に対して劣等感や抵抗感を抱かせるものにならないように配慮をします。この「正しさ」「優しさ」「さりげなさ」のバランスが取れるところを探りながら、計画に基づいた支援を行いましょう。なお「ちょうどよい（＝適切な）支援」は、刻々と変化します。昨日と今日の「適切な支援」は違う場合もあります。子ども

第1編

1 現代の子育て環境と子育て支援

2 子どもの権利に基づいた子育て支援

3 保育者が行う子育て支援の基本的事項

4 保育者の特性を行う子育て支援

5 保育者に相談援助に求められる視点

6 保育者の行う子育て支援の展開過程

7 職員間の連携・協働

8 社会資源の活用と自治体・関係機関や専門職との連携・協働

は育ちますし、もちろん保護者も保育者も、そして、三者の関係も育ちます。その関係の中で「適切な支援」が変わっていく、ということを意識することが大切です。

② —— 支援の柔軟性、責任の分担

保育者が責任を持って支援計画に基づいた保育を展開することはとても大事ですが、計画はあくまでも最初に把握した状況に応じて立てるものです。問題が軽減されるケースもあれば、保育所が対応できないほどに問題が複雑になっていくケースもあります。そのため、外部の専門機関との連携が必要になってくることも考慮に入れて、外部の関係機関につなぐ道も準備しましょう。保育者としての自分、もしくは自分たちができることとできないこと、介入すべきときとそうでないときの見極めは、難しいものです。その子どもに関わる支援者全体で検討して決めていくことが重要です。

なお、社会福祉の分野では支援計画を実施することを「介入」と呼びますが、介入の語に強制的な意味合いを持たせて狭義で使う場合もあります。同じ熟語を使っていても、イメージが共有できていないことがあり得るため、複数の支援者間の双方向的なコミュニケーションが重要です。

③ —— 記録の意義と考え方

（1）記録の意義

記憶はとても曖昧で、時間とともに解釈が変わってきてしまうことがありますが、記録は、記録をしたその時のままの形で残ります。文字記録は、過去から現在、そして未来を一望しながら、複数名で支援の効果を検証し、見通しを持つことを可能にします。支援過程でのできごとについて、必要事項を適切に記録することは支援計画の効果を左右する大切な要素なのです。

第1節第2項でも触れましたが、記録が単なる事実の転写ではなく、記録すること自体が自分の行為の振り返りになり、記録者の考えを深めることにつながっています。人は書きながら考え、考えながら書くため、記録することと考えることはリンクしている、ということもいえるでしょう。その意味でも、記録する行為が支援全体にとって重要な役割を担っているのです。

さらに記録は「客観的に」「事実を中心に」書くことが求められますが、実際には事実や行為の全てを記録に残すことはできません。ある事実やある行為の中の何を記録するのか、いつの、どのできごとを記録するのかという

第1編

1 現代の子育て支援と環境と

2 子どもの権利に基づいた子育て支援

3 支援者が行う子育て支援の基本的事項で

4 支援者の行う子育て支援の特性

5 相談援助の求められる保育者に視点

6 保育者の行う子育て支援の展開過程

7 職員間の連携・協働

8 社会資源の活用と自治体・関係機関や専門職との連携・協働

点に、記録者の主観が入り込む余地があります。記録には「必ず記録者の主観が入る」ということを、記録をするときと、記録を読み解くときに意識する必要があります。客観的であろうとすること、事実を記録することが大切です。

なお、園の記録は公的文書として扱われ、開示を求められることもあります。その子どもが卒園してからも一定の期間、大切に保管され、将来的にも子育て支援に活用される可能性があることを、忘れないようにしましょう。

（2）記録の方法

主な記録の方法として、叙述体、要約体、説明体の3つがあります。

①叙述体

叙述体は、起こったできごとを時間の流れに沿って、支援者の解釈や説明を加えずに書いていくスタイルです。発言を「　」に入れて書くことで、会話やできごとの前後関係をはっきりと記録することができます。この記録法では、何がどのように変化したのか、いつ何が起こったのか、誰が何をしたのか等をありのままに記述するため、起こったできごとの時間的な前後関係が明確になります。また、解釈を入れないように記述するため、その場にいなかった人ともそのできごとの原因や背景をフラットに考えることができ、解釈の可能性が広がります。後述のカンファレンスの際やケーススタディの際に、そのできごとについて複数名で考えるときに適した記録です。

②要約体

要約体は、できごとの要点を捉えて記録するスタイルで、必要事項を整理するときに使います。会話のニュアンスやちょっとした表情の変化ということよりも、大づかみに流れを把握するために用います。この記述法は、書き手が考えた要点、つまり、書き手の思考のフィルターを通しているため、書き手の着眼点が明確になります。必要項目を整理して記録するので、読み手は短時間で内容を理解できます。アセスメントの要約や各種の報告書によく用いられるスタイルです。

③説明体

説明体は、事実だけでなく、そのできごとに対する支援者の解釈や考察も加えて記述していくスタイルです。ここでは「支援者の」解釈や考察という点に気を付けてください。支援者の視点でできごとをどう捉えたか、という点が重要になります。そして事実と支援者の考えは、明確に区別して記述します。この記述は、事実だけの記録では伝えきれないような、保護者とのコミュニケーションの際に受けた印象や感触を書くことによって解釈の可能性

が広がるような場合に使います。例えば、何となくいつもと違う様子の保護者に声をかけた際に「大丈夫です」という返答が帰ってくることがあります。そういったときに、大丈夫そうではないと感じた理由を記録者の考えとして「△△の様子から、○○だと考えられる」として記述します。

　このように、どの記録の方法にも、適した場面・状況があります。その目的に応じて記録のスタイルを選択し、記載できる力を身につけましょう。そのスタイルで記録することを選んだ理由を説明できることがとても重要です。

保育室の前にあるホワイトボードには、「今日のできごと」として、保育者が書いたエピソード記録が右のイラストのように掲示されています。以下はある日の記録です。この記録を読み、以下の設問について考えてみましょう。

【たんぽぽ組（2歳児クラス）：思いはなかなか伝わらない……】
　「これから散歩にいきますよ」というときのこと。帽子なんてかぶらず早く外に出たくて扉の取っ手を持ちながら「んーんー」と叫び、外に出たいというアピールをするAちゃん。
　私（保育者）が「Aちゃん、お帽子かぶろうね。お帽子かぶってお出かけね」と声をかけると、Bちゃんは「Aちゃんの帽子を渡さなきゃ」と思ったのか、「あっ！」と声を出してAちゃんの帽子を手にとった。それを見たAちゃんは、スタスタ走ってBちゃんのもとへ行き、「ダメ！！」と言って帽子を引っ張った。「ダメじゃない」とBちゃん。「ダメだよ」とAちゃん。そして二人とも私の顔を見て大声で「うえーーーん」。そう、Bちゃんはお手伝いしたかっただけ。でもAちゃんは「それはボクの！」って思ったんだよね。どっちの気持ちもわかるよ。

①このエピソードについて、書き手（保育者）が解釈や考察をしている部分に下線を引いてみましょう。
②このエピソードを叙述体、要約体、説明体で記録してみましょう。

第1編

1 現代の子育て環境と子育て支援

2 子どもの権利に基づいた子育て支援

3 保育者が行う子育て支援の基本的事項

4 保育者の特性行う子育て

5 保育者に求められる相談援助の視点

6 保育者の行う子育て支援の展開過程

7 職員間の連携・協働

8 社会資源の活用や自治体関係機関や専門職との連携・協働

4 —— 評価の意義と考え方

（1）評価の実施

　支援に対する評価は、目標の達成度を測定して一喜一憂するために実施するのではなく、得られた結果を解釈し、設定した目標や支援方法の妥当性を検討するために行います。評価は、次のステップを照らす希望と活力を生みます。支援者は結果を冷静に受け止め、うまくいかなかった事柄に関しては、その原因を探り、功を奏した部分についても、その理由を考えることが大切です。変化は時間を必要とします。希望の兆しに光を当て、それを保護者と共有することが、事態を好転させる鍵になることもあります。

　評価のタイミングは、目標の達成期日として設定した日の他に、支援を実施するたびに行うとよいでしょう。最終評価の結果によって、計画の継続・修正・終了を判断することになります。計画策定時にゴールとして設定した地点に到達したとき、あるいは、それに準じる結果が得られたときにその支援は終了しますが、しばらくは注意して様子を見守り続けます。

　先に「評価は支援を実施するたびに行う」と述べましたが、効果がすぐに表れるとは限りません。事態がよくなったように見えるときも、何が奏功したのかが分からないこともあります。逆も同じです。評価の妥当性も後で振り返って考え直すことができるよう丁寧かつ的を外さない記録をとっておきましょう。

（2）評価に関する配慮事項

　支援計画を評価するときは、計画に沿って実践できたかどうかを詳細にチェックする必要があります。前項で述べましたが、達成できなかった場合は、その理由を探ります。目標が難しすぎたのか、方法が合っていなかったのか、時間設定を見誤ったのか。それらの複合的な理由かもしれませんし、全く違うところに理由があるのかもしれません。達成できた場合にも理由を探ることで、次に打つ効果的な手を見つけやすくなります。

　設定した目標に直接的に関係がないと思われる変化については、計画の評価とは別にして、備考欄などに記録しておきましょう。もしかしたらその記載が後に重要な意味を持つことになるかもしれません。「何か気になる点」は気に留めておきたいものです。その後、点と点がつながるときが訪れても、分からなかった点を「不要」として捨ててしまうと、線にならないのです。

5 ── カンファレンスの意義と方法

　カンファレンスとは「会議（協議会やケース検討会など）」のことです。子育て支援の「カンファレンス」は、事例検討や評価をするために行います。園内職員のみで実施する場合と、連携する関係機関の職員やスーパーバイザーなど、外部の人とともに実施する場合があります。

　カンファレンスの際にも、カンファレンスシートなどを事前に作成し、話し合いの記録が残るようにします。カンファレンスの目的に沿って、現状と課題を見つめ、出席者が自らの専門性に基づいて意見を出し合います。さまざまな角度から検討を加え、議論が深まってきたところで支援方針と支援内容を整理し、支援の優先順位や取り組みやすさなどを考慮して支援の具体的な順番と担当者や機関の役割を決めます。一方、実践した支援を振り返り、良かった点や今後の課題となる点を共有するなど、事後のカンファレンスも行います。

　円滑にカンファレンスを進めるためには、会合の場にホワイトボードなどを用意して、話し合う内容や決めるべき内容、出された意見などを言葉や図で示し「見える」ようにしていきます。決まったことだけが重要視されるのではなく、出席者のそれぞれの意見が大切にされ、決める過程にチームメンバーのそれぞれが関わっていると実感できることが、チームの士気を高め、温かい雰囲気をつくるのです。

プラス α

①グリム童話「シンデレラ」や「ヘンゼルとグレーテル」など、ストーリーから家族関係が分かる絵本を探して、その家族構成をジェノグラムにしてみましょう。
②ジェノグラムを作成して気付いたことを話し合ってみましょう。

参考文献

・高山静子『子育て支援の環境づくり』エイデル研究所　2018年
・武田信子『保育者のための子育て支援ガイドブック─専門性を活かした保護者へのサポート─』中央法規出版　2018年
・咲間まり子監修『保育者のための外国人保護者支援の本』かもがわ出版　2020年

第**7**章

職員間の連携・協働

第1編

1 現代の子育て環境と子育て支援と

2 子どもの権利に基づいた子育て支援

3 保育者が行う子育て支援の基本的事項

4 保育者が行う子育て支援の特性

5 保育者に求められる相談援助の視点

6 保育者の行う子育て支援の展開過程

7 職員間の連携・協働

8 社会資源の活用と自治体・関係機関や専門職との連携・協働

 第**1**節　保育における連携・協働の意義

1 —— 子育て支援の場で行う連携・協働とは

（1）職員間の連携・協働とは何か

　保育現場における子育て支援では、個々の保育所等での職員間の連携や協働が重要になってきます。いわゆる、同じ職場内における保育者同士、専門職・職員同士で行う連携や協働です。それでは、なぜ、子育て支援の場で職員間の連携・協働が重要となるのでしょうか。

　一般的に連携とは、お互いに連絡を密に取り合い、一つの目的のために一緒に物事を行うことを指しています。同様に協働とは、共通の目的を達成するために、お互いの特性を認識・尊重し合い、対等な立場で、課題の解決に向けて協力・協調する関係を意味しています。

　これを保育や子育て支援の場に置き換えて考えると、子どもや保護者の状況を理解しながら、その抱える課題に対して支援していくために、保育者等の専門職が日常的な場面において連絡を取り合い協力していく関係であるといえます。

（2）連携・協働の形態

　保育現場における職員間の連携・協働にはさまざまな形態がみられます。

　例えば、①保育者同士の連携・協働です。これは、保育者という同じ職種間での連携・協働となります。そして、②保育者と他の専門職や職員との連携・協働があります。これは、保育者と看護師や、調理員・栄養士・事務担当の職員などとの間で行われる連携・協働です。いずれの形態も、子どもや保護者に対して適切な支援を行うために不可欠であり、そのためには職員同

士がそれぞれ把握した親子の情報を共有していくことが重要です。

❷ ── チームアプローチを生かした子育て支援の効果

（1）保育所保育指針と全国保育士会倫理綱領にみる連携・協働

　保育所保育指針解説では、保育の質の向上に向けた組織的な取り組みとして、「それぞれの職員が、保育の内容等に関する自己評価等を通じて、保育の質の向上に向けた改善のための課題を把握した上で、それを保育所全体で共有する。その上で、課題への対応は、職員がそれぞれの専門性を生かし、協働して行う」[★1] と説明しています。

　また、全国保育士会倫理綱領では、その項目の一つに「チームワークと自己評価」を掲げ、「職場におけるチームワークや、関係する他の専門機関との連携を大切にします」と述べています。

　これらは、保育においては、担当の保育者だけではなく、多くの職員が連携・協働して子どもの育ちに関わるため、その親子に関わりを持つ全ての人たちの間で、保育や支援に関する共通認識を持ち、一つのチームとして情報を共有しながら実践していくこと（チームアプローチ）が重要であるということを示しています。

（2）チームアプローチによる支援の効果

　このように、保育者だけではなく、さまざまな専門職や職員がおのおのの専門性や視点を生かし、日常の保育に反映することが、チームアプローチによる支援の効果であるといえます。保護者にとっても、園内に信頼できる相手や相談できる存在が複数いるという状況は、非常に心強いものです。多角的に親子の現状を捉え、共有することは、総合的な視点で親子の生活全体を把握した支援につながり、個々の職員の専門性や資質の向上も期待できます。

　また、親子に関する日々の情報のやりとりを通して、お互いの専門性や役割を十分に理解し合うことが、結果としてスムーズな情報共有やクラス運営を可能にし、職員間の関係性の向上や、園全体の運営の安定を実現すると考えられるでしょう。

第1編

1 現代の子育て環境と子育て支援

2 子どもの権利に基づいた子育て支援

3 保育者が行う子育て支援の基本的事項

4 保育者の特性行う子育て支援の

5 保育者に求められる相談援助の視点

6 保育者が行う子育て支援の展開過程

7 職員間の連携・協働

8 社会資源の活用と自治体・関係機関や専門職との連携・協働

> **事例：保護者が抱える進級の不安へのサポート**
>
> 　３月になり、Ｓ保育所では新年度に向けての準備が進められています。４歳児クラスのＡ児も、５歳児クラスに進級予定です。Ａ児には軽度の知的障害と難聴があり、加配の保育者がついてサポートしています。
>
> 　ある日、Ａ児の保護者から、担任保育者に進級にあたっての相談がありました。現在のサポートが継続されるのか、進級の際にクラスの担任や友だちが変わるのか、就学に向けた準備はどうすればよいのかなどの不安が強い様子でした。

「事例：保護者が抱える進級の不安へのサポート」について、担任保育者の立場から、Ａ児の保護者にどのように対応すればよいでしょうか。

第2節　連携・協働の実際

1 ── 保育者間の連携・協働

（1）上司との連携・協働

　保育者にとって職場の上司は、園長や主任など、自分が判断を迷ったときや悩んだときなどに指導や助言を受ける存在です。保育や子育て支援の場では、園での対応が難しいケースや、親子の状況に応じて他機関につなぐケースなどが起こり、その際は必ず上司と情報を共有して確認し、判断を仰ぐことが重要です。組織の責任者である上司と連携・協働することによって、親子にとって安定した保育や子育て支援の提供につながります。

　なお、園長や主任など経験豊富な職員が、経験の浅い職員に対して、専門職として適切な業務が遂行できるよう指導や助言を行うことをスーパービジョンといいます。スーパービジョンには、職場の業務分担の「管理」、専門的知識・技能に関する「教育」、業務を行ううえでの気持ちをサポートする「支持」などの機能があり、このような機会を定期的に設けることによって、上司との連携・協働が効果的に行われるようになるといえます。

（2）同僚・担任同士、非常勤職員との連携・協働

　職場の同僚や担任同士、非常勤職員との連携・協働は、同じ視点で子どもと向き合い、チームアプローチを重視した保育や子育て支援を実現するために欠かせません。これらの連携・協働がスムーズに行われるからこそ、園内における親子を見守るネットワークが十分に機能し、親子が安心して園に通うことが保障されるといえます。保育者は、クラス内の担任同士や、同じ年齢のクラスの担任同士など、お互いに子どもや保護者の情報を共有しながら、日常の保育を行っています。その際、特に早番・遅番等のシフト勤務でお互いに常に顔を合わせることができない場合などは、自分の把握した情報をいかに正確に伝えるかが重要となります。必要な情報を他の職員に伝えるためには、口頭で伝えるだけではなく、例えば、メモや引き継ぎ用の連絡ノートをつくって活用するなどの方法も有効です。子どもや保護者に対する関わりや支援を適切に行うためにも、さまざまな工夫や方法を用いて情報の抜け落ちを防ぎ、確実な引き継ぎを行うことが不可欠であるといえるでしょう。

　また、今日の保育の場においては、非常勤職員も多く活躍しています。非常勤職員の場合、人によって勤務形態が異なっており、日中の保育だけではなく、早朝・夕方のみの勤務という形態もみられます。それぞれの勤務時間におけるチームワークと情報の共有が重要です。

> ### 事例：日常的な情報共有の工夫
> 　K保育所では、常勤保育士のほか、非常勤保育士が多数勤務しており、日々シフトを組んで保育にあたっています。そのため、園ではクラスごとに引き継ぎノートを用意し、親子の情報を共有しています。また、送迎時は必ずしも担任が対応できるとは限らないため、職員一人一人がメモを携帯しており、送迎の際気になった点はメモに記載し、所定の場所に貼って管理することで、誰がどのような対応をしたのかが把握できるようになっています。その他、週1回は職員全体での打ち合わせの機会を設けており、できるだけ多くの職員が参加し、直接親子の様子をやりとりできるように工夫をしています。

❷── 他の専門職や職員との連携・協働

（1）看護師等との連携・協働

　保育や子育て支援の場において、看護師等との連携・協働による大きなメリットは、保育者とともに健康・衛生面における支援やサポートを効果的に行うことができるという点にあります。医療・保健・福祉領域の連携については、「連携とは、援助において、異なった分野、領域、職種に属する複数の援助者（専門職や非専門的な援助者を含む）が、単独では達成できない、共有された目標を達成するために、相互促進的な協力関係を通じて行為や活動を展開するプロセスである」[1]等の定義がみられますが、保育や子育て支援の場で看護師等との連携・協働が行われることで、医療や看護等の知識や専門性を保育に生かして、親子の心身の不調や家族関係等への支援を行うことが可能となるのです。また、障害や疾病等に関しては、例えば、看護師等の専門職が療育機関・医療機関との橋渡しを行うことによって、親子の安心や安定した園生活への支援につながることもあるでしょう。

　保育所等において、看護師等の専門職の配置は義務付けられているわけではありません。しかし、現在では配置されている園も増えてきており、保育者はそれらの専門職とも連携・協働していくことが求められているのです。

（2）調理員・栄養士、事務員等との連携・協働

　給食の調理員や栄養士、事務員等の職員については、直接子どもと関わる時間は少ないと思うかもしれません。しかし、実はさまざまな場面でこれらの職員からの子どもや保護者に関する気付きが得られていることがあります。

　例えば、調理員や栄養士であれば、食事の場面において、子どもたちの日々の食事の量や様子から普段と違った子どもの様子に気付くことも多くあり、アレルギー対応や食育など、食事面から親子をサポートしたり、安全な食事の提供、家庭での子育てを支える具体的なアドバイスも可能になります。一方で事務員などの職員であれば、登園・降園時の親子の様子や挨拶の様子、服装、会話のやりとりを通して、いつもとは違う点に気付く機会も少なくありません。

　このように、これらの職員との連携・協働においては、普段の見守りを通して、保育の場面で見落とされがちな部分にも気付き、早期にフォロー、対応ができるというメリットがあるのです。

> **事例：登園時の様子からの気付き**
>
> 　B児は、保育所の3歳児クラスに在籍しています。草花が大好きで、登園してくると、事務職員のCさんに元気に挨拶し、Cさんが手入れをしている花壇に立ち寄って、座ってニコニコと花を眺めていることが多くあります。Cさんも、B児との何気ないおしゃべりを毎日楽しみにしています。
>
> 　しかし、ここ数日、B児は登園してきても花壇に立ち寄らず、Cさんが挨拶しても元気がありません。保護者もいつも急いでいる様子で、顔色も悪く、挨拶もそこそこに立ち去ってしまいます。Cさんは親子の様子が心配になり、担任保育者に伝えることにしました。

ワーク2

担任保育者とCさんはどのように情報を共有するとよいのでしょうか。また今後、B児親子に対してどのような関わりができるでしょうか。

🍀 第3節　効果的な連携・協働のために

①── 連携・協働の方法と工夫

　保育所保育指針解説では、「職員一人一人が保育所全体としての目標を共有しながら協働する一つのチームとなって保育に当たるとともに、その質の向上を図っていくためには、他の保育士等への助言や指導を行い、組織や保育所全体をリードしていく役割を担うことのできる職員の存在が必要となる」[2]と述べられています。

　連携・協働の具体的場面としては、日常的な打ち合わせや職員会議、カンファレンスやケース会議で情報を共有することが多くみられます。その際には、日々の子どもの様子に関する記録を活用するとともに、必要に応じて連絡帳・連絡ノートなどからの課題の読み取りと共有が行われます。それらの

★2
保育所保育指針解説第5章1－(2)。

第1編

1 現代の子育て環境と子育て支援

2 子どもの権利に基づいた子育て支援

3 支援者が行う子育て支援の基本的事項

4 保育者の特性を行う子育て支援

5 保育者等が相談援助に求められる視点

6 保育者の行う子育て支援の展開過程

7 職員間の連携・協働

8 社会資源の活用と自治体・関係機関や専門職との連携・協働

情報を共有し、親子にとって最善の支援を検討していくのです。保護者が悩みや困りごとを抱えているとき、それらの思いを誰にでも気軽に開示できるわけではありません。誰にどのように伝えてよいのか、そもそもそのような思いを保育者に伝えてよいものなのか分からないまま、問題が深刻化してしまうケースもあります。そのような保護者の思いを、担任一人だけではなく、さまざまな視点から把握し、対応することが求められています。そして、その抱えている悩みや課題の内容によって、時には担任ではなく、主任や園長などが個別に対応していくことも必要となるでしょう。

また、他の専門職から助言や指導を受けることをコンサルテーションといいますが、看護師や栄養士等から助言や指導を受ける場合には、他の専門職の存在や専門性を尊重して向き合うことを忘れてはなりません。お互いの専門性を理解し、生かし合いながら保育に反映させることが重要なのです。

園内（職場内）研修等の機会も重要な連携・協働の場面です。園内研修においては、園長や主任、一定の経験を有する保育者等がスーパーバイザーとなり、助言や指導を行う機会を定期的に設定することが欠かせません（スーパービジョン）。研修の場で、一人一人の保育者が抱えている思いや課題を共有することで、日常の保育実践を見直し、共通理解を得られるのです。さらに、現在では、個々の職員が園外で研修を受講する機会が多く設けられていますが、園外研修での学びを個々の職員が職場内にフィードバックし、園全体で共有することも重要です。個々の職員の学びは一人の保育者の資質向上にとどまらず、園内に還元されることによって、常にどの職員からも同じように質の高い保育や支援が受けられるという効果をもたらします。つまり、園全体の資質が向上し、それが結果として親子への支援の質の向上につながることが期待できるのです。

❷ ── 連携・協働を保育の質に反映させるための課題

それでは、連携・協働を保育の質に反映させるための課題についても整理してみましょう。スムーズな連携・協働を実現するためには、園全体の風通しをよくするための工夫が必要です。つまり、園で働く全ての職員が、お互いに必要なことを率直に言い合える関係性や環境づくりが重要なのです。それは、先述したように、相手を尊重する姿勢であり、専門性をお互いに認め合う姿勢ともいえるでしょう。

保育者が目指すべきなのは、あくまでもよりよい保育を実現するための連携・協働であるということを忘れてはなりません。保育者同士、職員同士も

信頼関係を構築し、親子に関する情報を共通した意識で受け止め共有することが子どもの権利を守り、保護者の安心につながるのです。それは、親子の課題の早期発見・早期対応を実現するだけではなく、課題そのものの発生を予防することにも結び付いていくでしょう。

　また、担任だけがその子どもや保護者を理解するのではなく、園全体で理解する、「みんなで一人（一つの家族）を見る」視点が重要であるといえるでしょう。実際には、複数の視点があることにより、異なる立場からの意見をすり合わせることの難しさが生じるかもしれません。さらに、先述したようなシフト勤務のために、定期的な情報共有の時間の確保（打ち合わせ、カンファレンス、研修等）や職員全員が同時に集まるということ自体が課題として生じることも考えられます。そのために、各職員の役割分担を明確にすることが欠かせません。職員一人一人が「報告・連絡・相談」を日々意識し、必要なことを簡潔に的確に伝えられるような環境づくりも求められています。

ワーク3

第3節の内容をふまえ、保育者としてどのような連携の工夫ができるか、具体的に考えてみましょう。

プラスα

会議やカンファレンスの場をスムーズに進めていくためには、どのような工夫や配慮が必要でしょうか。それぞれの立場ごとに考えてみましょう。

①参加者　　②進行役　　③事例提供者

引用文献

1）山中京子「医療・保健・福祉領域における『連携』概念の検討と再構成」『社會問題研究』53（1）　大阪府立大学　2003年　p.5

参考文献

・柏女霊峰監修・全国保育士会編『改訂2版　全国保育士会倫理綱領ガイドブック』全国社会福祉協議会　2018年

第**8**章

社会資源の活用と自治体・関係機関や専門職との連携・協働

第1編

1 現代の子育て環境と子育て支援と

2 子どもの権利に基づいた子育て支援

3 保育者が行う子育て支援の基本的事項

4 保育者の行う子育て支援の特性

5 保育者に求められる相談援助の視点

6 保育者の行う子育て支援の展開過程

7 職員間の連携・協働

8 社会資源の活用と自治体・関係機関や専門職との連携・協働

 ### 第**1**節　子ども・子育てに関わる社会資源

1 —— 社会資源とは

　社会資源は、さまざまな福祉ニーズを充足させる専門職、施設、さらに法律や知識などの総称です。さらにお金やサービス、施設などの空間、情報やネットワークを含めた多様なものを想定することができます。

　一般的に社会資源は、「フォーマル（公的）な社会資源」と「インフォーマル（非公的）な社会資源」に分類され、フォーマルな社会資源については次項以降で詳しく学んでいきます。インフォーマルな社会資源は、例えば友人や家族のように、その人自身にとっての私的な関係性の中で、心身などさまざまな面でのサポートを得られる可能性を持つものです。それぞれの強みを支援に生かすという意味で、社会資源となる主体は幅広く捉えることができます。

　今日、子どもや子育て家庭を支えるために、保育者等の専門職だけでは対応できない事柄が多くあります。例えば子どもへの虐待は、子育て家庭の孤立が大きな要因の一つと考えられていますが、孤立は社会によって生み出された現象です。対策には、孤立を防ぐための取り組み、孤立によって起きたことからの回復など、並行して支援しなければならないことが多くあり、多様な専門職を含む支援者のネットワークが必要となります。本章では特に、サービス・施設と、それに関わる情報と専門職など、フォーマルな社会資源に着目して学びを進めていきます。

② —— フォーマルな社会資源とその特徴

　フォーマルな社会資源とは、各種機関や専門職をはじめとした、社会の中での役割が明確になっているものです。社会の中で見えやすく比較的広い範囲に存在していること、資格などに代表される専門性を有していることなどが特徴です。また、基準があるという点では公平性もある程度担保されているといえます。

　子ども・子育てに関わる分野では、人であれば保育士や幼稚園教諭、児童福祉司などが、施設では保育所をはじめ市町村の子育て支援センター、児童相談所、医療機関や保健センターなどがその代表例です。もちろん、これらに関わる情報や規定する制度や法律も広い意味では資源といえます。ただし、実際に子ども・子育て家庭に直接的に関わることが多いのは、これらの人や施設、そして人または施設同士、人と施設のネットワークとなるでしょう。

　公的な子育ての相談先としては、児童相談所や福祉事務所（家庭児童相談室）、子どもの状態に合わせた支援を提供する児童福祉施設、家庭の子育てをサポートする人と家庭をつなぐファミリー・サポート・センターなどがあります。また、実施主体が行政となっているもののほかにも、子どもや子育て支援に関わる機関には、行政の認可を得て私的な主体が実施するものがあります。例えば健康や保健に関わる機関として、市町村保健センターや保健所は行政が主体ですが、各種の医療機関が私的主体となって実施することができます。もちろん、発達や教育を支える教育機関も、長い子育てに向き合ううえで大切な連携先となります。以下では、子育て支援に関わるフォーマルな社会資源のうち代表的な専門機関と専門職をいくつか挙げます。

③ —— 子ども・子育てに関わる専門機関

（１）児童相談所

　児童相談所は、児童虐待への対応をはじめ、子ども家庭福祉において中核となる行政機関です。子育て家庭からの相談の中でも特に専門性の高いものへの対応、子どもや保護者への指導や児童養護施設への措置入所などを行います。また、必要に応じて子どもの一時保護を行うほか、市町村などへの情報提供や連絡調整、職員への研修なども担っています。

（２）福祉事務所と家庭児童相談室

　福祉事務所は、高齢者福祉・子ども家庭福祉・障害者福祉・生活保護やひ

とり親への支援など、代表的な社会福祉の範囲全般に対応しています。子ども家庭福祉に関する業務には、児童手当や児童扶養手当などの手当に関わる業務や、保育所等の入所、子ども・子育てに関する相談への対応などがあります。なお、多くの福祉事務所では、子ども家庭福祉に関わる相談機能の強化を図るために家庭児童相談室が設置されており、子どもの養育など、家庭内のさまざまな悩みや相談に応じています。

（3）市町村保健センター

　地域保健法に基づき、健康相談や保健指導、健康診査を行う機関です。子ども・子育てに関する業務では、母子健康手帳の交付や乳幼児健診や乳児家庭全戸訪問事業などを担い、母子保健に関わる中核的な機関の一つに数えられます。

（4）母子健康包括支援センター（子育て世代包括支援センター）

　母子健康包括支援センター（子育て世代包括支援センター）は、妊娠期から子育て期にかけて、保健・医療や福祉、教育など、子どもや子育てに関わる包括的な支援を構築するための機関です。母子保健を切り口とした継続的な支援、そのための資源の調整や開発なども目的としています。なお、児童福祉法と母子保健法の改正に伴い、2024（令和6）年4月より「子ども家庭総合支援拠点」と統合して「こども家庭センター」へ移行されました。

❹ ── 子ども・子育てに関わる専門職

（1）児童福祉司

　児童相談所において子ども家庭福祉に関わる相談に応じ、必要に応じて指導を行うなど、児童相談所における相談支援業務において中心的な役割を果たす専門職です。また、必要な調査や関係機関との連絡調整も担います。相談の内容は乳幼児期に限らず、学齢期に抱えやすい課題などを含め多岐にわたります。

（2）保健師

　保健所や市町村保健センター等において、乳幼児から高齢者までのすべての住民に必要な保健サービスを提供しています。子ども・子育てに関わるところでは、子どもや妊産婦の保健に関する衛生知識の普及や育児相談、乳児や未熟児に対する訪問指導、乳幼児健診における保健指導等を行っています。

第1編

1 現代の子育て支援環境と

2 子どもの権利に基づいた子育て支援

3 保育者が行う子育て支援の基本的事項

4 保育者の行う子育て支援の特性

5 保育者に求められる相談援助の視点

6 保育者の行う子育て支援の展開過程

7 職員間の連携・協働

8 社会資源の活用と自治体・関係機関や専門職との連携・協働

（3）民生委員・児童委員

民生委員は、厚生労働大臣に委嘱された無給かつ非常勤の地方公務員で、児童委員も兼ねています。その業務は、地域の子どもや妊産婦の生活環境の把握、支援を必要とする人への福祉に関する情報提供、児童福祉司などの専門職の職務に協力することなどです。

（4）社会福祉士

社会福祉士及び介護福祉士法に定められた国家資格で、主に社会福祉施設、医療機関、福祉事務所や児童相談所で相談援助業務を担っています。具体的には、支援を必要とする方からの相談に応じ、必要な助言や福祉に関する情報提供、サービスの利用調整や関係者間の連絡などを行っています。

①みなさんの周りには、どのような子ども・子育てに関わる社会資源があり、またその資源にはどのようにアクセスできるでしょうか。第1章ワーク1の②で調べた資源も用いて考えてみましょう。

②①の地域に引っ越してきたばかりの3人家族（2歳児と両親）」を想定し、①で調べた社会資源へのアクセスが容易かどうか、以下のようなケースでシミュレーションしてみましょう。

・子育て支援センターがどこにあるのか知りたい
・保護者が歯の治療をしたいが、その間どこかに子どもを預けたい

第2節　保育者と他の社会資源との連携

1 —— 社会資源の特性を生かした連携

フォーマルな社会資源は、さまざまな場面で子育て家庭を支えています。子ども・子育てに関わる悩みごとがあれば児童相談所や家庭児童相談室、乳幼児健診では市町村保健センターの保健師、保育施設などの利用は福祉事務所など、それぞれの特性に合わせた支援が期待できます。前節でいくつかのフォーマルな社会資源の例を見てきましたが、そこで挙げたもの以外にも、

第1編

1 現代の子育て環境と
子育て支援

2 子どもの権利に基づい
た子育て支援

3 保育者が行う子育て
支援の基本的事項

4 支援者の特性と行う子育て

5 保育援助に求められる
相談援助の視点

6 支援者の行う子育て
支援の展開過程

7 職員間の連携・協働

8 社会資源の活用と自治体・関係
機関や専門職との連携・協働

子ども・子育てに関わる社会資源はあります。公的な機関は、機関の名称や施設名などからも「明確な≒分かりやすい役割」が見えやすい分、支援に至るきっかけ（ベンチマーク）として機能することも期待できます。

事例：関係を崩したくない……

S市の健康福祉課の保健師は、市内の保育所・幼稚園・認定こども園を毎月巡回しています。市で実施した乳幼児健診の結果を受け、経過観察が必要とされた子どもの園での様子を確認したり、保護者の様子を保育者から聞き取ったり、必要に応じて医療機関への受診や心理士による発達検査を提案することもあります。

ある3歳児健診で言葉の表出に遅れがあったA児とその母親の様子の確認で園へ赴いたところ、園長から以下の話を聞きました。

「園でもAくんのことは前から気になっていたんですけど、お母さんと良い関係をつくるのが難しくて、去年から1年かかってやっと世間話ができるようになったんです。でも、この前の健診の後から表情が硬い印象で……。Aくんのことで何か言われたんだろうなと思っていて……。お帰りの時に声をかけても反応が薄いんですよ。Aくんにも冷たく対応している感じがあるので少し心配していて、保健師さんが来たら相談しようと思っていたところです。せっかくできたお母さんとの関係を崩したくなくて……」

保健師は、園長や担任と話し合いながら、保護者へのアプローチの方法を検討することにしました。まず、A児の発達や検査に関する話は心理士が担うことにしました。

ワーク
2

「事例：関係を崩したくない……」において、この後、園の保育者はA児の母親にどのような姿勢で関わっていくことが望ましいでしょうか。

❷── 保育施設・保育者の特性と連携

　ベンチマークとしての機能は、子ども・子育てについては特に保育所や保育者などに強くあり、多くの人がすぐに子どもや子育てに関わる職であると認識できると考えられます。さらに、保育や子育てという日常生活の中にごく当たり前にいることが想定される存在でもあります。そのため、福祉や教育関係機関以外からでも、子ども・子育てに関わる身近な連携先として期待されます。

　また、一つの資源にもさまざまな性質が備わっており、それぞれの持つ強みも異なってきます。例えば、同じ「保育所」という資源でも、園の活動や立地・設備など、さまざまな面から捉えることができます。一方、共通の特性としては、子どもの発達を支える専門的な学びを修めてきた保育者がいることや、保育を通して親子との日常的な関わりの場になることが挙げられます。こうした特性は、連携する際に期待される保育施設という公的な資源の強みといえます。

　保育者は、自分（たち）自身を含むさまざまな性質・特性を持った公的な資源を知ることで、連携を通してよりニーズに適した支えの形をつくることができるようになります。よりニーズに適した支援に近づくためのヒントは、固定観念を外すことです。保育者には、次節で学ぶ注意点や配慮をふまえたうえで、自身を含めた公的な資源の特性と子育て家庭のニーズや現状を捉え支援していくことが求められているのです。

　保育施設（または保育者）は、保育施設（保育者）以外の専門機関（または専門職）と比べた場合にどんな「強み」があるでしょうか。考えてみましょう。

 第3節　連携における配慮

1 ── プライバシーへの配慮と主体性

　まず、配慮を怠ってはいけないのがプライバシーの問題です。支援が多く必要な家庭か否かにかかわらず、子育てに関わる事柄はプライバシーに関係する情報が多くあります。保育所や保育者は、子どもや子育て家庭にとって日常的に関わる身近な存在といえますが、それだけに、「いつ / 誰と / どこまでの」情報を共有するかは、子育て家庭の意向とニーズ、連携先などによって臨機応変に考えなければなりません。子どもの最善の利益を損なうことなく、必要な支援を形づくるために必要な情報や情報共有する範囲を判断することが求められます。

　また、ニーズを持っている側が、「自分たちに必要だ」と判断できるようにすることが望ましい状態です。保育者は子育て家庭にとって身近な専門家といえますが、専門的立場からの助言を急ぐあまり、子育て家庭側の考えがおろそかになっては、かえって事態を悪化させることもあります。保育者は専門職・専門機関の役割を理解したうえで、子育て家庭側が自身の状態やニーズをふまえて、資源・支援を選べるよう手助けをすることが、支援における大切な注意点の一つなのです。

2 ── それぞれの役割の明確化

　第1節で紹介してきた機関以外にも、連携先となる機関は数多くあります。ただし、闇雲に連携すればよいというわけではありません。ポイントとなるのはニーズと主体性です。ニーズについては、子どもや家庭のニーズに適した資源を活用しなければ、かえって大きな負担になることもあります。また、支援をする側にとっても、具体的にどのような支援が求められているのか、役割が明確になっていないと混乱してしまうこともあります。そのため、普段から社会資源についての情報を集め、それぞれの強みを発揮しやすい分野やニーズを把握しておく必要があります。

　さらに、先にも述べたように家庭側の主体的な判断を促すこともポイントです。そのためにも、「この資源には、どのような強みがあり、抱えているニーズにどうアプローチすることができるのか」を知ることが不可欠です。家庭側のニーズは何か、それに対してどんな役割・強みの発揮を求められている

のかといったことが分からないままでは、その資源は十分に機能しなくなってしまいます。支援者の大切な役割の一つは、判断を支えるための情報の提供と状況の整理です。この役割を果たすには、まず社会資源の情報、つまり特徴や強みは何か、どこにあるのか、アクセスや活用の方法といった情報を得て、提示できるよう備えておくことが求められます。

資源や支援（手段）を選べるよう手助けするケースがある一方、さまざまな資源や支援に関する情報が存在するため、情報の使い方に戸惑ってしまうケースもあります。以下の事例を読んで設問について考えてみましょう。

> **事例：情報の使い方についてのサポートが必要な母親**
> 　年少児クラスのB児は 2,700g で生まれ、歩行の開始が1歳4か月だったそうです。出生後も定期的に受診している小児科で、ある時、手先の運動機能がやや遅れていることを指摘されて以来、母親は機能訓練を受けられる病院を探したり、自宅でも指先を使って遊ぶおもちゃを用意したりするなど、懸命になっています。入園する前に通っていた子育て支援センターのスタッフに相談に行ったという話や、今後は発達クリニックも受診したいということを、園への送迎時に担任保育者に伝えてきました。

・保育者はこの母親にどのような援助ができるでしょうか。

3 ── 保育者による資源の活用と子育て支援を担う者としての姿勢

　ここまで、さまざまな社会資源について学び、保育者としての関わり方をみてきましたが、子育て支援の中で保育者自身が持つ情報やスキルを扱うことが、その保護者に対する「資源」となることもあります。

> **事例：保育者の持つ資源の活用**
> 　C保育所は、併設の子育て支援団体（以下「支援団体」）との関わりが深く、スタッフ同士がさまざまな情報のやりとりをしたり、園児と支援団体の参加者が日常的に交流したりしていました。
> 　ある日、支援団体にスクールソーシャルワーカー（以下「SSW」）を経由してDさんがやって来ました。Dさんは、家族との急な離別によって

これからの生活や就学・進学について強い不安を抱え、日常生活でも気になる様子が見られました。そこで支援団体では、Dさんが支援団体で活動している親子やボランティアの方たちとの関わりを少しずつ持てるよう働きかけ、Dさんの気持ちや生活を落ち着けていきました。

一方で、特に大きなニーズになっていた進学や学習のサポートができる人も探していて、C保育所にもその相談がありました。C保育所では、ちょうど在園児の母親（Eさん）が、学習支援事業スタッフとして在職していたときのことを懐かしく話してくれたことが話題になっていました。そこで保育所では、Dさんの学習サポートについてEさんに声をかけてみたところ快く応じてくれ、さらにEさんを通して在園児親子の中でもDさんを支えたいという家庭が広がりました。Eさんの準備を手伝う人、Eさんと一緒にDさんをサポートする人、その間にEさんたちの子どもを見る人…と、それぞれの形でDさんのサポートに関わることができました。保育者と支援団体とのつながりが、Dさんをサポートする体制をつくることにつながったといえます。

この事例では、保育者や保育施設は働きかけの「受け手」でしたが、このように保育者や保育施設側が持つ、①スキルと情報整理、②つながり（保育者以外の資源）が、Dさんを支え、Eさんをはじめとする在園児家庭が活躍する場をつくることにもなっていったのです。

この事例のように、必要な支援を担える資源を見つけ、支援者のネットワークをつくっていくことも、保育者の特性を生かした支援の一つの形です。しかし、多様な資源・支援を必要とするケースでは、それぞれの抱えている背景によって、助けてほしいと発信する余裕がないことが多くあります。「支援においては単に資源があるという情報よりも、その資源をどうしたら利用できるのか、どう頼ればよいのかの方が重要である」[1]との指摘もあり、活用に至るルートの格差も見過ごせない課題となっています。まずは支援に頼りにくい状況にある家庭を見つけること、さらにその家庭が実際に社会資源を活用するところまで支えていくこと、そして、多くの子ども・子育て家庭が多様な関わりの中に位置付けられるようアウトリーチを進めていくことが、社会資源の活用を進めるうえで重要な課題となります。

保育者は、日常的な親子との関わりの機会が多い分、ニーズへの「気付き」を得るチャンスが多くあります。ニーズを発信しにくい家庭のニーズをつか

第1編

1 現代の子育て環境と子育て支援

2 子どもの権利に基づいた子育て支援

3 保育者が行う子育て支援の基本的事項

4 支援者の特性を行う子育て支援

5 保育者・相談援助に求められる視点

6 保育者が行う子育て支援の展開過程

7 職員間の連携・協働

8 社会資源の活用や自治体・機関や専門職との連携・協働

むことが、さまざまな資源の活用への第一歩となることを改めて押さえましょう。ただし、本当に重要な「社会資源」は公的なものとは限りません。保育者は公的な資源として機能していますが、保育者がつなぐ資源は公的なものばかりではありません。公的なものや「見えやすさ」にこだわらず、子どもや家庭の多様なニーズに適した「社会資源」を捉え、さまざまな人を子ども・子育て家庭にとって身近な存在にしていくこと、子育ての環境を形づくっていくことこそが、これからの子育て支援にとって最も重要なのです。

プラスα

ワーク１で挙げたもののほかに、みなさんの身近にあるさまざまな社会資源（場所や人、施設）を思いつく限り挙げてみましょう。それらが、子育て支援にどんな形で関わることができるか考えてみましょう。

ワンポイント
「子育て支援に関わる何か」ではなく、「考えた何かが子育て支援としてどのような形で関わる余地があるか」と考えてみましょう。

引用文献

１）今井昭仁・伊藤篤「子育て支援資源の利用を促進・抑制する要因」『子育て研究』第
　　９巻　日本子育て学会　2019 年　pp.3-14

参考文献

・岩田美香『現代社会の育児不安』家政教育社　2000 年
・垣内国光・岩田美香・板倉香子・新藤こずえ編『子ども家庭福祉—子ども・家族・社
　会をどうとらえるか—』生活書院　2020 年　p.273
・厚生労働省「子育て世代包括支援センター業務ガイドライン　平成 29 年 8 月」2017
　年

第2編

子育て支援の実際

第9章

地域の子育て家庭 に対する支援

第1節　地域の子育て支援における保育者の専門性

1 ── 保育所の専門性を生かした地域の子育て支援

　保育所における子育て支援は、保育所を利用する子どもとその家族だけでなく、地域の家庭が対象となります。こども家庭庁が公表した「保育所等関連状況取りまとめ」では、3歳未満児（0～2歳）の保育所等利用率★1（令和5年4月1日時点）は44.6%で、約6割は在宅での子育てであることから、地域家庭の子育てを支援することは保育所の重要な役割といえます。

　児童福祉法第48条の4第1項には、「保育所は、当該保育所が主として利用される地域の住民に対してその行う保育に関し情報の提供を行い、並びにその行う保育に支障がない限りにおいて、乳児、幼児等の保育に関する相談に応じ、及び助言を行うよう努めなければならない」と努力義務が示されています。

　また、保育所保育指針第4章の「3　地域の保護者等に対する子育て支援(1)」においても「地域の保護者に対して、保育所保育の専門性を生かした子育て支援を積極的に行うよう努めること」と明記され、地域の子育て支援

★1　保育所等利用率
「当該年齢の保育所等利用児童数÷当該年齢の就学前児童数」で求められます。

第4章　子育て支援
3　地域の保護者等に対する子育て支援
　(1)　地域に開かれた子育て支援
　　ア　保育所は、児童福祉法第48条の4の規定に基づき、その行う保育に支障がない限りにおいて、地域の実情や当該保育所の体制等を踏まえ、地域の保護者に対して、保育所保育の専門性を生かした子育て支援を積極的に行うよう努めること。
　　イ　地域の子どもに対する一時預かり事業などの活動を行う際には、一人一人の子どもの心身の状態などを考慮するとともに、日常の保育との関連に配慮するなど、柔軟に活動を展開できるようにすること。

第2編

9 地域の子育て家庭に
対する支援

10 障害のある子ども及び
その家庭に対する支援

11 特別な配慮を要する子ども
及びその家庭に対する支援

12 要保護児童等の家庭に
対する支援

13 子ども虐待の予防と
対応

14 多様なニーズを抱える
子育て家庭の理解

終 子育て支援のまとめと
展望

の重要性が示されています。また、一時預かり事業など、子育て家庭のニーズに対応した支援を行う際には、保育の専門性を生かし、子どもの発達過程や生活リズム、心身の状態に配慮しながら、保育所での活動や行事に参加できるようにするなど、柔軟な対応が求められています。

2 ── 保育者に求められる役割

（1）親子の居場所づくり

　地域の親子が安心して過ごせる環境づくりは、保育者の重要な役割です。地域の親子を次節で学ぶ子育てサロンなどの活動の場へ温かく迎え入れ、保育者が話し相手や相談相手となることで、孤育て[★2]を防ぐことにつながります。また、保護者との関わりを大切にしながら何気ない会話をすることで、各家庭の子育ての状況や子育て観を把握することができ、保護者理解や相談しやすい関係の構築につながります。

　子どもにとって居心地のよい環境であることも重要です。年齢や発達に合った玩具や遊具、絵本を揃えて、手に取りやすいように配置し、好きな遊びを見つけて楽しめるような環境づくりが求められます。

　子どもが安全に過ごせるように、保護者に注意を促すことも必要ですが、保護者とともに子どもの様子を見守ったり、子どもと一緒に遊んだりすることも保育者の役割です。子育てを支えるパートナーとしての姿勢を示すことで、保護者と子どもにとっての居心地のよさや安心感につながります。

（2）地域との交流の促進

　地域の保護者同士の交流の促進は、子育てを支援する取り組みの一つです。保護者同士で子育ての悩みを共有し、相談や情報交換をすることで、子育てのヒントを得たり、解決策を見つけたりするなどの効果が期待できます。そのためには、交流の機会や場を提供するだけではなく、保護者同士が交流できる活動を企画したり、保育者が保護者同士の会話のきっかけづくりをしたりするなどの働きかけも必要です。地域とのつながりを深め、困ったときに助け合える関係性ができることは望ましいですが、一方で保護者同士の関係に悩みや不安のある保護者もいるため、保育者は保護者の様子をよく観察し、それぞれの思いに寄り添ったサポートが求められます。

　また、子どもにとっても家族以外の大人や子どもとの関わりは、社会性を育むための大切な経験となるため、地域との交流促進は子育て支援の重要な目的になります。

★2　孤育て
親族の協力が得られず、近所との付き合いもなく孤立した中で子どもを育てている状態をいいます。

109

（3）保護者の養育力向上

　保護者が子育てに自信を持ち、楽しいと感じることができるための働きかけは、保育者に求められる重要な役割です。初めての子育てで、子どもの世話の仕方やコミュニケーションの取り方が分からない保護者もいるため、保育者が子どもとの関わり方の行動見本を示すことも大切です。

★3
第5章を参照してください。

★4　カウンセリングマインド
相手の立場に立って、共感的に相手の気持ちや行動を理解しようとする心がけのことをいいます。

　また、保護者に対して相談や助言を行う場合は、受容、自己決定の尊重、守秘義務やプライバシーの保護などをふまえた対応が保育者に求められる基本姿勢となります★3。各家庭の子育ての状況や保護者の心情を把握して相談に応じながら、保護者自身が納得して解決に至ることができるように働きかけることが大切です。その際、気兼ねなく相談できる関係を築くことや、保護者の信頼感を得るためには、カウンセリングマインド★4 が必要です。保護者の子育て観を尊重し、気持ちを理解しようと話を聴く姿勢は、保護者にとっての支えとなり、養育力の向上につながります。

　なお、児童福祉法第48条の4第2項には、「保育所に勤務する保育士は、乳児、幼児等の保育に関する相談に応じ、及び助言を行うために必要な知識及び技能の修得、維持及び向上に努めなければならない」と示されています。子育て家庭を支えるスキルを身に付けるためには、子育て支援に関する研修や学習会などの機会を積極的に活用し、専門性の向上に努めることが必要です。また、保護者理解を深めるために、ミーティングやケース会議の機会を設け、職員間で意見交換や情報の共有をし、協力して地域の子育て支援を行うことも大切です。

第2節　保育所等が展開する地域の子育て支援

1── 保育所等で実施している子育てに関する事業等

　保育所等においては、未就園児の親子が利用できるさまざまな子育て支援事業を実施しています。これまでの章で学んできた通り、地域の子育て支援が求められる背景には、少子化や核家族化の進行による育児不安や負担感の増大、地域社会とのつながりの希薄化による孤立が挙げられます。また、子どもが家族以外の大人や同年齢の他児と関わる経験も少なくなっています。地域の実情や各家庭の状況により、子育てに関する事業等を利用する目的は異なるため、それぞれの家庭のニーズに応じた支援が求められます。

第2編

9
地域の子育て家庭に
対する支援

10
障害のある子ども及び
その家庭に対する支援

11
特別な配慮を要する子ども
及びその家庭に対する支援

12
要保護児童等の家庭に
対する支援

13
子ども虐待の予防と
対応

14
多様なニーズを抱える
子育て家庭の理解

終
子育て支援のまとめと
展望

（1）一時預かり事業

　一時預かり事業とは、家庭において保育を受けることが一時的に困難になった乳幼児を、主として昼間において、保育所、幼稚園、認定こども園その他の場所において、一時的に預かり、必要な保護を行う事業です。「一時預かり事業実施要綱」（文部科学省・厚生労働省）には、「保育所等を利用していない家庭においても、日常生活上の突発的な事情や社会参加などにより、一時的に家庭での保育が困難となる場合がある。また、核家族化の進行や地域のつながりの希薄化などにより、育児疲れによる保護者の心理的・身体的負担を軽減するための支援が必要とされている。こうした需要に対応するため、保育所、幼稚園、認定こども園その他の場所において児童を一時的に預かることで、安心して子育てができる環境を整備し、もって児童の福祉の向上を図ることを目的とする」と示されています。このように、保護者の心理的、身体的負担を軽減することを目的としているため、目的や理由にかかわらず利用することができます。

　第1節で見たように、保育所保育指針には、「地域の子どもに対する一時預かり事業などの活動を行う際には、一人一人の子どもの心身の状態などを考慮するとともに、日常の保育との関連に配慮するなど、柔軟に活動を展開できるようにすること」★5 と示されています。一時預かり事業の保育形態はさまざまで、専用の保育室で担当保育者が役割を担うこともあれば、通常の保育クラスに入り、同年代の園児と一緒に過ごすこともあります。どのような保育形態であっても、子どもの最善の利益を考慮し、家庭と園での生活の連続性を確保した柔軟な対応が求められます。

　一時預かり事業を利用する子どもの中には、保護者と離れた経験がない、集団生活に慣れていない、人見知りをするなどの理由から、不安定になる姿が見られることもあるため、保護者と離れて過ごす子どもの不安な気持ちに寄り添い、安心して過ごせる雰囲気づくりが求められます。そのため、一人一人の生活リズムに合わせて無理なく過ごせるように配慮することや、遊びの環境を充実させて楽しく過ごせるようにすることとともに、慣れない環境でけがや事故が起こらないように留意し、体調の変化にも気を配ることが重要です。そのためには、事前に利用児の個人調査票を配布し、既往歴★6やアレルギーなどの健康状況に関することや、睡眠や食事の状況、排泄の自立などの生活面に関する情報を収集し、日ごろの子どもの生活や心身の状態を把握しておくことが必要です。また、保護者によっては、子どもの様子を心配し、自分の都合で子どもにさみしい思いをさせているのではないかと罪悪感を持ったり、預けたことを後悔したりすることもあります。保護者が迎え

★5
保育所保育指針第4
章−3−（1）−イ。

★6　既往歴
過去にかかった病気や
けがに関する記録をい
います。

に来た際には、子どもの様子を丁寧に伝え、一時預かり事業を継続的に利用できるようにすることも大切です。

保護者が一時預かり事業を安心して継続利用できるために、保育者として保護者にどのような配慮をし、どのような声かけをするとよいか考えてみましょう。また、考えた内容でロールプレイングをしてみましょう。

（2）子育てサロン

　子育てサロンとは、地域の親子が交流できる集いの場です。子育ての仲間づくりと子どもの遊び場づくりを目的としています。地域の公共施設でも実施されていますが、保育所が実施する子育てサロンでは、保育所の専門性を生かした活動（絵本の読み聞かせ、ふれあい遊びなど）を取り入れながら、親子が楽しく参加できる雰囲気や環境をつくること、保護者同士で情報交換や相談などができるきっかけをつくることが求められます。保護者の中には、集団になじめなかったり、子ども同士のトラブルを気にする姿が見られたりすることもあるため、必要に応じて保育者が仲立ちとなり、親子が安心して参加できるように配慮することも保育者の役割です。

（3）園庭開放

　園庭開放とは、保育所等に入所していない地域の子どもとその保護者に園庭等を開放し、安全な遊びの場や地域の親子の交流の機会を提供することです。実施回数や時間帯は園によって異なり、毎週決まった曜日に開催する園もあれば、日にちを指定して開催する園もあります。園庭開放では、園庭にある遊具を自由に使い、親子で好きな遊びをしながら、保育所に入所している異年齢の子どもと関わったり、地域の親子と交流したりして過ごすことができます。また、保護者は保育所の職員に育児相談をすることもあります。保護者の中には、子どもの入所前に、保育環境や保育の様子を見学することを目的とすることもあるため、地域の親子が家庭外の保育の場に安心感を持てるよう、保育者から親しみやすい雰囲気で声をかけたり、遊びを促したりなど、丁寧な対応が求められます。

第2編

9 地域の子育て家庭に対する支援

10 障害のある子ども及びその家庭に対する支援

11 特別な配慮を要する子ども及びその家庭に対する支援

12 要保護児童等の家庭に対する支援

13 子ども虐待の予防と対応

14 多様なニーズを抱える子育て家庭の理解

終 子育て支援のまとめと展望

（4）地域子育て支援拠点事業

「地域子育て支援拠点事業」とは、地域の親子が気軽に集い、相互交流や子育ての不安・悩みを相談できる場所の提供を行う事業です。「地域子育て支援拠点事業実施要綱」（厚生労働省）には、「少子化や核家族化の進行、地域社会の変化など、子どもや子育てをめぐる環境が大きく変化する中で、家庭や地域における子育て機能の低下や子育て中の親の孤独感や不安感の増大等に対応するため、地域において子育て親子の交流等を促進する子育て支援拠点の設置を推進することにより、地域の子育て支援機能の充実を図り、子育ての不安感等を緩和し、子どもの健やかな育ちを支援することを目的とする」と示されています。

「地域子育て支援拠点事業」は、常設の地域の子育て拠点を設ける「一般型」と、多様な施設に親子が集う場を設ける「連携型」の2つの事業類型を設け、共通する4つの基本事業（表9－1）を規定しています。従事者は、「子育て支援に関して意欲があり、子育てに関する知識・経験を有する者」であることが条件となっています。

実施主体は、市町村としていますが、市町村が認めた者へ委託等を行うことができるため、さまざまな保育施設や公共施設等で実施されています。実施場所（2022〔令和4〕年度）は、「保育所（約29％）」が最も多く、次いで「公共施設・公民館（約21％）」、「認定こども園（約17％）」となっています（表9－2）。

表9－1　4つの基本事業

① 子育て親子の交流の場の提供と交流の促進
② 子育て等に関する相談、援助の実施
③ 地域の子育て関連情報の提供
④ 子育て及び子育て支援に関する講習等の実施（月1回以上）

表9－2　地域子育て支援拠点事業の実施状況（実施場所別）

	保育所	認定こども園	幼稚園	公共施設・公民館	児童館	専用施設	空き店舗・商業施設	民家・マンション等	その他・未定	計
全体	2,254	1,328	29	1,620	1,223	400	309	378	182	7,723
一般型	2,125	1,272	29	1,600	276	392	308	378	165	6,545
経過措置	79	24	0	11	2	5	0	0	2	123
連携型	50	32	0	9	945	3	1	0	15	1,055

注　：2013（平成25）年に地域子育て支援事業の再編が行われたが、従来の地域子育て支援センター（小規模型指定施設）も経過措置として事業の対象とされている。
出典：子ども家庭庁「令和4年度　地域子育て支援拠点事業実施状況」p.8

以上のように、保育所等においてさまざまな子育て支援事業が実施されていますが、地域や実施施設によって特色や取り組みの内容に違いがあります。地域の親子が利用しやすい子育てに関する事業等について考えてみましょう。

あなたが住む地域の保育施設で実施している「子育てサロン」「園庭開放」「地域子育て支援拠点事業」などの状況や、特色ある子育て支援の取り組みについて調べてみましょう。

2 ── 地域子育て支援拠点事業の実践例：子育て支援センター「文教おやこ園」

（1）事業の概要
　「文教おやこ園」は保育者養成校の学内に設置されている子育て支援センターです。市の委託事業として、厚生労働省の規定に基づき運営しています。地域の未就園児の親子を対象とし、予約不要、無料で利用することができます。開園は、月曜日から金曜日の週5日、9時30分から15時とし、不定期で土・日曜日や祝日も開園しています。保育士資格を持つ支援員2名を配置し、活動の準備や衛生管理、保護者からの相談対応などの業務を行っています。支援員は、保育士資格や子育て経験を生かし、地域の子育てを支え、子育てしやすい環境をつくる役割を担っています。

　地域への情報発信は、毎月の活動内容や行事予定などを分かりやすく記載した園だよりを作成して配布しています（図9-1）。また、ホームページやSNS★7を活用し、活動の様子を写真で伝えながら、広報活動をしています。

★7　SNS
Social Networking Service（ソーシャル・ネットワーキング・サービス）の略です。

図9-1を参考に、地域の親子が利用したくなるような月間予定（園だより）を作成してみましょう。その際、季節感のある活動や伝統行事などを計画に取り入れてみましょう。

第2編

9 地域の子育て家庭に対する支援
10 障害のある子ども及びその家庭に対する支援
11 特別な配慮を要する子ども及びその家庭に対する支援
12 要保護児童等の家庭に対する支援
13 子ども虐待の予防と対応
14 多様なニーズを抱える子育て家庭の理解
終 子育て支援のまとめと展望

―― 活動内容について ――

☆ 年齢別グループ活動（ ホップ・ステップ・ジャンプ ）
① 「子どもの食事について相談しましょう」
ホップの日（8/7）は、お菓子メーカーの管理栄養士による離乳食講座を開催します。
② 「センサリーボトルを作って遊ぼう」
ペットボトルの空き容器に好きな物を入れて作ってみましょう♪

☆ レッツ！ダンス♪ 8月2日（水）
オリジナル体操「カンガルンバ」と「いなっぴー音頭」を踊ります。
YouTubeでもダンスが観られるので、ご家庭でも踊ってみてください♪

☆ おまつりごっこ 8月8日（火）
お面を作ったり、ゲームコーナーで遊んだりして、夏祭りの雰囲気を味わいましょう。撮影コーナーも準備しますので、浴衣や甚平での来園も大歓迎です♪

☆ ベビーマッサージ講座（要予約）8月24日（木）10：40～11：10
おやこ園スタッフによるベビーマッサージ講座です。
♪対象：生後2か月～ハイハイまでの赤ちゃん（10：35におやこ園に集合して移動します）
♪募集人数：10組
♪場所：和室にて

臨時開園日（要予約）
幼児教育学科の学生や高校生と一緒に楽しい時間を過ごしましょう。パパのご参加もお待ちしています。
開催日と内容：8月5日（土）「バルーンアート」
8月20日（日）「パパと一緒に遊びまくろう」
♪時　間：10：30～12：30
♪募集人数：各日5組
♪予約方法：おやこ園に来園のうえ、申込書に記入
♪受付開始：7月24日（月）より
※開催時間や活動内容が変更になる場合もあります。詳細はスタッフまでお問い合わせください。

8月

文教おやこ園だより No.77

テーマ活動は10：40～11：10頃を予定しています。
活動内容・時間は変更になる場合もあります。ご了承ください。

8月の予定

月曜日	火曜日	水曜日	木曜日	金曜日	土曜日	日曜日
	1 部屋の飾りを作ろう（ちょうちん）個別育児相談 ※要予約	2 レッツダンス	3 ステップの日（1歳児限定）通常開園（13:00～15:00）	4 部屋の飾りを作ろう（おばけ）	5 臨時開園	6
7 ホップの日（0歳児限定）通常開園（13:00～15:00）	8 おまつりごっこ おやこ園委員会（11:30～12:00）	9 うちわを作ろう	10 ジャンプの日（2歳児限定）通常開園（13:00～15:00）	11 休園（山の日）	12	13
14 休園	15 休園	16 身体測定	17 部屋の飾りを作ろう	18 ステップの日（1歳児限定）通常開園（13:00～15:00）	19	20 臨時開園
21 おやこ園デビューの会（初めて、またはこれからご利用する方限定）	22 ホップの日（0歳児限定）通常開園（13:00～15:00）	23 ふれあい遊び 読み聞かせ	24 ベビーマッサージ ＊要予約	25 ジャンプの日（2歳児限定）通常開園（13:00～15:00）	26	27
28 休園	29 お絵かきをしよう	30 休園	31 誕生会	プレママの会（13:00～15:00）		

ホップ・・・0歳児クラス（2022年4月2日以降生まれ・プレママでも参加可能）
ステップ・・・1歳児クラス（2021年4月2日～2022年4月1日生まれ）
ジャンプ・・・2歳児クラス（2020年4月2日～2021年4月1日生まれ）
☆兄弟姉妹は上のお子さんのクラスにご参加ください。
☆対象者以外の方はご利用できません。ご了承ください。（午後は通常開園）

図 9 － 1　園だより

（2）室内環境

　個々の子どもの生活リズムや習慣に合わせて過ごせるように、ベビーベッド、授乳室、おむつ交換台やトイレに補助便座を設置したりなど、親子が快適に過ごせる環境づくりをしています（図9−2、写真9−1）★8。

　遊びの環境では、おもちゃ棚（ベンチ収納）でスペースを区切り、それぞれのコーナーで落ち着いて遊べるように環境設定をしています。絵本のコーナー、ままごとコーナー、パズルやひも通しなど、指先を使って遊ぶコーナー、乳児向きのおもちゃ（プルトイ★9、スロープトイ★10 など）や、遊具（トンネル、ベビージムなど）を並べたコーナーを設置し、年齢や興味に合わせて選択できるように配置しています（写真9−1）。

　おもちゃは、温かみのある木製または布製のものをそろえ、消毒や洗濯をして衛生面に配慮しています。また、健康管理や衛生管理、感染防止対策のため、室温調整や換気、入室前の消毒や検温などを行っています。何でも口に入れる時期の子どもに配慮し、誤飲の危険性のある大きさのおもちゃや、口に入れると危険な道具は手の届く場所に置かないようにするなど、親子が安心して利用できるように、安全面の対策も行っています。子どもが口に入れたおもちゃは戻さずに、専用のかごに入れるように保護者に周知し、支援員（保育者）が消毒をしてから指定の場所に戻すようにしています。

★8
部屋の中央は講座や行事の際にマットを敷き、集団での活動ができるスペースとなっています。

★9　プルトイ
ひもで引っ張るおもちゃをいいます。

★10　スロープトイ
スロープにボールや車を転がして遊ぶおもちゃをいいます。

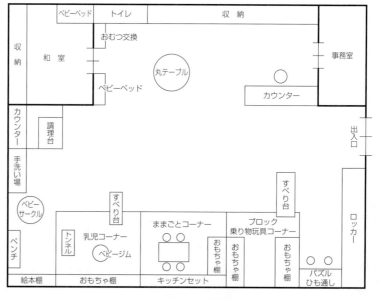

図9−2　室内環境

116

第2編

9 地域の子育て家庭に対する支援

10 障害のある子ども及びその家庭に対する支援

11 特別な配慮を要する子ども及びその家庭に対する支援

12 要保護児童等の家庭に対する支援

13 子ども虐待の予防と対応

14 多様なニーズを抱える子育て家庭の理解

終 子育て支援のまとめと展望

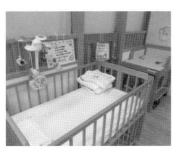
ベビーベッド・おむつ交換台

ままごとコーナー

乳児コーナー

子ども同士の関わり

写真9－1　室内環境

ワーク4

親子が安心して子育てに関する事業等を利用できる環境について、子どもの発達段階をふまえ、次の視点から考えてみましょう。

①衛生管理　　　②遊びの環境　　　③子どもの生活リズム

（3）テーマ活動

　親子で自由に遊ぶだけでなく、さまざまな活動や季節の行事（写真9－2）を取り入れています。支援員（保育者）の専門性を生かした遊びや親子で楽しむ経験ができる機会を提供することは、利用促進にもつながります。毎月行う活動には、身体測定や誕生会があり、子どもの成長を支援員（保育者）も一緒に祝ったり、喜んだりすることで、ともに子育てをするパートナーとしての姿勢を示しています。また、保育を学ぶ学生がボランティア活動で子どもと一緒に遊んだり、誕生会や季節の行事を企画（写真9－3）して実施したりするなど、地域の親子と交流しています。幅広い年齢の大人との交流は子どもにとってよい刺激となるだけでなく、保護者も学生と会話をしたり、

写真9－2　クリスマス会　　　　写真9－3　学生企画の誕生会

学生の保育実技を子どもと一緒に楽しんだりすることは気分転換にもつながります。子どもの発達段階や個々の興味・関心、その時々の機嫌によっては、テーマ活動に参加をすることが難しい場合もあります。活動への参加は任意とし、支援員（保育者）は、親子が無理なく参加できるように配慮をしています。

（4）子育て講座の開催

　幼児教育の専門教員による講演会や講座など、保育者養成校の特性や専門性を生かした活動を実施しています。講座の参加者は、専門家から子育ての知識やヒントを得ることができ、子育て家庭の悩みや不安解消につながる効果が期待できます。また、子育て支援センターを利用している保護者自身がボランティアとして講座を開講することもあります。例えば、保育経験者による絵本の読み聞かせやリトミック講座、歯科衛生士による歯磨き講座、趣味を生かした楽器の演奏会やクラフト講座など、資格や特技を生かした講座を開講しています。利用者が主体的に取り組むことは、子育ての自信や喜びにつながることや、地域の子育て仲間づくりのきっかけとなるなどの効果が期待できるため、主体的な活動の促進やサポートは、支援員（保育者）の重要な役割であるといえます。

（5）交流の場の提供と交流促進

　地域の交流促進は、子育て支援の目的の一つであるため、利用者同士が交流しながら参加できる活動内容を取り入れています。例えば、「おすすめの絵本の紹介」や「子どもの食事について」といったテーマを設定し、グループで話をする機会を設けたり、子育て用品バザーやクリスマス音楽会などのイベントの協力を呼びかけたりしています。また、年齢別開催日を設定し、同学年の子どもの親同士でつながりを持つ機会を提供しています。

　育児仲間づくりに積極的な利用者もいれば、人との関わりに苦手意識があ

第2編

9 地域の子育て家庭に対する支援

10 障害のある子ども及びその家庭に対する支援

11 特別な配慮を要する子ども及びその家庭に対する支援

12 要保護児童等の家庭に対する支援

13 子ども虐待の予防と対応

14 多様なニーズを抱える子育て家庭の理解と

終 子育て支援のまとめと展望

り、交流促進を目的とした活動を負担に感じる利用者もいるため、支援員（保育者）には、それぞれのニーズや状況に応じてサポートをすることが求められています。

第3節　子育て支援の実際

　地域の家庭が子育てに関する事業等を安心して利用するためには、保育者の役割は重要です。次の事例から、保育者の役割や配慮事項について具体的に考えてみましょう。

事例　初めての子育て

○本人等のプロフィール

母親 A 子（30 代・専業主婦）

家族：夫（30 代・会社員）、B 児（男児・2 歳）

備考：夫は仕事が忙しいため早朝から深夜まで不在で、平日のほとんどは母親とB児だけで自宅で過ごしています。夫の転勤に伴い転居したばかりで、近くに親戚や友人はおらず、いわゆるワンオペ育児[11]、アウェイ育児[12]の家庭です。子どものイヤイヤ期が始まったことで、A 子さんはストレスや育児疲れを感じるようになりました。

事例 1 －①

　A子さんはイヤイヤ期のB児との関わり方に悩み、相談できる場所や、親子で楽しく遊べる施設はないかとインターネットで検索したところ、自宅近くに子育て支援センターがあることを知りました。転居前に住んでいた地域には子育て支援センターがなく、利用したことがなかったため、活動内容や雰囲気

が分からず、子育て支援センターの職員や地域の親子とうまくコミュニケーションが取れるか不安がありました。一緒に行く子育て仲間もいない

★11　ワンオペ育児
ワンオペとは、ワンオペレーションの略です。夫婦のどちらか、またはひとり親家庭が家事や育児を一人で担う生活スタイルを称した言葉です。専業主婦、共働き世帯にかかわらず、多くは母親がその対象となっています。

★12　アウェイ育児
生まれ育った土地や慣れ親しんだ地域から離れた場所で育児をすることをいいます。子育てひろば全国連絡協議会の調査（2015［平成27］年）では、アウェイ育児に該当する母親は72.1％という結果が報告されています。

119

ため、すぐに利用する気持ちにはなりませんでした。

　しばらくすると、イヤイヤ期が激しくなったB児へのイライラが強くなり、厳しく叱ることが増えました。その様子を心配した夫は、子育て支援センターを利用することを勧めました。A子さんは初めての場所にB児と二人だけで行くことに不安があり、夫に一緒に行ってほしいと頼みましたが、夫は仕事を休むことができませんでした。そこでA子さんは、子育て支援センターの概要や利用者の声をインターネットで調べました。それによって徐々に不安が軽減され、それから数日後、A子さんはB児を連れて子育て支援センターを利用してみることにしました。

ワーク
5

地域の子育てに関する事業等（子育て支援センター、園庭開放、子育てサロンなど）を初めて利用する保護者の不安要因について、保護者の立場で考えてみましょう。また、親子が単発的ではなく、継続して子育てに関する事業等を利用したいと思うようになるには、保育者（支援員）のどのような関わりや配慮が必要か考えてみましょう。

事例1ー②

　A子さんは子育てに追われて自分の時間がないことや、イヤイヤ期のB児の対応にストレスを感じていることを子育て支援センターの保育者（支援員）に、相談したところ、地域の保育所で実施している「一時預かり事業」を利用することを勧められました。夫や祖父母以外にB児を預けた経験がなく、B児の反応が心配でしたが、A子さんは一人で美容院に行くために「一時預かり事業」を利用することにしました。

　B児は、保育所の一時預かり事業の部屋に入るとすぐに目新しいおもちゃに興味を示し、すんなりA子さんと離れることができました。A子さんは、その姿に少し安心しましたが、3時間後にB児を迎えに行くと、A子さんの顔を見るなり大声で泣き出しました。A子さんはB児にさみしい思いをさせてしまったのではないかと自分を責める気持ちになりました。

ワーク
6

事例１－②では、Ａ子さんが「Ｂ児にさみしい思いをさせてしまったのではないか」と自分を責める気持ちになっていました。あなたが担当保育者ならば、引き渡しの際にＡ子さんにどのような声かけをするか考えてみましょう。

プラス
α

保育実習やボランティア活動の機会に、保育所が実施している子育てに関する事業等に着目し、親子の様子や保育者の役割を観察してみましょう。また、子育て支援センターを見学し、地域の子育て支援の状況や内容を把握しましょう。

参考文献

・NPO法人子育てひろば全国連絡協議会『地域子育て支援拠点事業における活動の指標「ガイドライン」[改訂版]』 2022年

第2編

9 地域の子育て家庭に対する支援

10 障害のある子ども及びその家庭に対する支援

11 特別な配慮を要する子ども及びその家庭に対する支援

12 要保護児童等の家庭に対する支援

13 子ども虐待の予防と対応

14 多様なニーズを抱える子育て家庭の理解

終 子育て支援のまとめと展望

第**10**章
障害のある子ども及び その家庭に対する支援

第**1**節　障害のある子どもの理解

1 ── 障害に関する基本的な考え方

（1）障害とは

★1　医学モデル
医学的に診断される障害や疾病など、個人の心身機能に焦点を当てた考え方です。この場合は、個人に内在する問題を障害と捉えるため、障害による問題を解消するために補助器具を用いたり、リハビリテーションを行うことなどを検討します。

★2　社会モデル
障害や疾病などの個人に焦点を当てるのではなく、個人を取り巻く環境に焦点を当てた考え方です。例えば、視覚障害があり、道を歩くのに自立歩行が難しい人がいる場合、点字ブロックが設置されることで歩行はできる可能性が高まります。これは、視覚障害という障害が改善されたわけではなく、周囲の環境が変わったことで「歩けない道」という「障害」が解消されたことになります。保育現場においては「医学モデル」から「社会モデル」へと障害の捉え方は変化しています。

　障害とは、狭義に捉えると医学的な視点による「身体障害」「知的障害」「精神障害」「発達障害」等が当てはまります（医学モデル）★1。一方、障害を広義に捉えると医学的な視点だけでなく、日常生活や社会生活を送るうえでの社会的障壁なども含まれてきます（社会モデル）★2。障害のある子どもまたは行動が気になる子ども等に対する支援については、子どもの内在する問題（障害や病気等）に焦点を当てるのではなく、普段の生活の困り事や不安の解消を行うことや子どもを養育する保護者の支援を大切にする社会モデルの視点に沿った支援を行うことが大切です。

（2）障害に対する理解

　わが国において法律上で規定されている障害は、「身体障害」「知的障害」「精神障害」「発達障害」です。これらの名称は、さまざまにある障害（疾患を含む）の総称として扱われます。以下では主に、「身体障害」「知的障害」「精神障害」「発達障害」「情緒障害」について基礎的な事項を理解しておきましょう。

①身体障害

　身体障害とは、先天的★3もしくは後天的★4な理由により、身体機能の一部に欠損や機能不全等の障害のある状態を指します。身体障害の種類は大別すると表10－1のように分類されます。

第2編

9
地域の子育て家庭に
対する支援

10
その家庭のある子ども及び
家庭に対する支援

11
特別な配慮を要する子ども
及びその家庭に対する支援

12
要保護児童等の家庭に
対する支援

13
子ども虐待の予防と
対応

14
多様なニーズを抱える
子育て家庭の理解

終
子育て支援のまとめと
展望

表 10 − 1　身体障害の種類

分類	概要
肢体不自由	四肢（上肢・下肢）、体幹（腹筋、背筋、胸筋、足の筋肉等、内臓を含まない胴体の部分）の機能が先天的または後天的に損なわれ、長期にわたり歩行や筆記などの日常生活動作に困難が伴う状態
視覚障害	視力や視野に障害があり、生活に支障を来している状態
聴覚又は平衡機能の障害	身の回りの音や話し言葉が聞こえにくい、または、ほとんど聞こえない状態
音声、言語機能又はそしゃく機能の障害	音声機能、言語機能またはそしゃく機能が喪失、または、著しい障害で永続する状態
内部障害	疾患などによる内臓の機能の障害により、日常生活が著しく制限を受けている状態

②知的障害

　知的障害児・者を支援する法律として、知的障害者福祉法が挙げられますが、知的障害について明確な定義はなされていません。知的障害の診断は、知能指数（IQ：Intelligence Quotient）★5 と日常生活への適応能力の二つの側面を考慮し、これらが発達期（おおむね18歳以下）に発症したかどうかで判断します。知能指数は知的障害の重症度を示す指標になり、IQが低いほど重症度が大きくなります。

　知的障害の原因は、脳のさまざまな中枢神経系の疾患が原因とされています。また、知的障害は幼児期の話し言葉や遊び、生活習慣の遅れなどから診断につながる場合も少なくありません。また、他の障害との併存症も多く、自閉スペクトラム症との併存率は高いとされています。

③精神障害

　精神障害の中で、子どもが発症する可能性のある精神疾患として「うつ病★6」「双極性障害★7」「心身症★8」「チック障害（チック症）」「統合失調症★9」が挙げられます。これらの精神疾患は幼児期にその特性が確認できる場合もあり、保育者は家庭と保育現場における子どもの変化を敏感に察知し、家庭環境の理解を怠らないようにすることが大切です。また、子どもを養育する保護者の中には精神疾患を抱える保護者もおり、保育者は保護者の抱える障害特性を理解して、適切な関わりを心がけることが重要です。

④発達障害

　発達障害の原因は脳の機能性障害とされており、先天的な障害として扱われています。発達障害は幼児期における診断が可能とされています。障害の特性ゆえに「しつけ」や「環境」が原因とされることもありますが、それら

★3　先天性（的）
生まれたときにすでに備わっていることを意味します。

★4　後天性（的）
生まれたあとに発生することを意味します。

★5　知能指数（IQ：Intelligence Quotient）
軽度（約50〜70）、中等度（約36〜49）、重度（約20〜35）、最重度（約19以下）で知的障害の重症度の分類にも用いられます。

★6　うつ病
気分障害の一つで、気分がひどく落ち込み憂うつになる、やる気が出ないなどの精神的な症状があります。

★7　双極性障害
気分障害の一つで、躁うつ病とも呼ばれます。うつ状態と躁状態（気分の高揚が強い）を繰り返す疾患です。

★8　心身症
精神的なストレスが要因となり、循環器系、呼吸器系、消化器系、神経系、泌尿器系など心身に表れる疾患です。

★9　統合失調症
考えや気持ちがまとまらなくなる状態が続く疾患です。

が原因で発達障害になることはありません。しかし、「しつけ」や「環境」によって障害の特性が悪化してしまう場合もあります。発達障害の代表的な障害の特性について表10－2で確認しましょう。

⑤情緒障害

　情緒障害の明確な医学的診断基準はなく、診断名ではありません。わが国では、診断名としては使用されませんが、教育や福祉分野においては支援の

表10－2　発達障害に分類される主な障害の特性

障害名	特徴
自閉スペクトラム症 Autism Spectrum Disorder：ASD	・3歳位までに現れ、①他人との社会的関係の形成の困難さ、②言葉の発達の遅れ、③興味や関心が狭く特定のものにこだわることを特徴とする行動の障害 ・脳の中枢神経系に何らかの要因による機能不全があると推定されている
注意欠如／多動症 Attention-Deficit/Hyperactivity Disorder：ADHD	・年齢あるいは発達に不釣り合いな注意力、および／または衝動性、多動性を特徴とする行動の障害 ・7歳以前に現れ、その状態が継続し、脳の中枢神経系に何らかの要因による機能不全があると推定されている
学習障害 Learning Disabilities：LD	・基本的には全般的な知的発達に遅れはないが、聞く、話す、読む、書く、計算するまたは推論する能力のうち、特定のものの習得と使用に著しい困難を示すさまざまな状態がある ・その原因として、脳の中枢神経系に何らかの機能障害があると推定され、視覚障害、聴覚障害、知的障害、情緒障害などの障害や、環境的な要因が直接の原因となるものではない

表10－3　わが国で情緒障害に分類される疾患と特徴

障害名	概要
チック障害 （チック症）	・不規則で突発的な体の動きや発生が本人の意思とは関係なく繰り返し起きる疾患 ・主な症状として口をゆがめたり、首を左右に振る等の動作性の症状を伴う運動性チックと鼻や舌を鳴らす、咳払いや単語を連発するなどの音声性の症状を伴う音声チックがある ・運動性チックと音声チックの両方が頻繁に発生し、1年以上継続するものをトゥレット障害という
選択性かん黙	・言語能力は正常であるが、選択された特定の場面や人に対して、話すことができない疾患 ・学校や職場などの特定の場面・状況によって話せなくなることに加えて、体を思うように動かせなくなる症状も現れる
分離不安症	・愛着のある人や家から離れることに対して持続的に強い恐怖や不安を抱いてしまう疾患 ・小学校就学後の環境にうまく適応できず、不安が極度に強くなり、頭痛や腹痛等の症状や泣きだしてしまう等の症状を引き起こす場合がある
反応性愛着障害	・5歳までに発症し、子どもの対人関係のパターンに継続的に異常がみられる状態で愛着障害（アタッチメント障害）に分類される ・愛着障害は、幼児期の愛着形成に関わる段階における虐待やネグレクト、両親の離婚や死別等の環境的な要因がその原因とされる

第2編

9
地域の子育て家庭に
対する支援

10
障害のある子ども及び
その家庭に対する支援

11
特別な配慮を要する子ども
及びその家庭に対する支援

12
要保護児童等の家庭に
対する支援

13
子ども虐待の予防と
対応

14
多様なニーズを抱える
子育て家庭の理解

終
子育て支援のまとめと
展望

対象として情緒障害が用いられます。また、医学的に定義はありませんが、情緒障害として分類される疾患名として「チック障害（チック症）」「選択性かん黙」「分離不安症」「反応性愛着障害」等の精神疾患があります（表10－3）。情緒障害は、虐待、愛着形成の問題、周囲とのコミュニケーションのとりづらさ等のさまざまな要因で引き起こされる障害です。また。発達障害がきっかけで生活上のつまずきが発生し、情緒障害を二次的な障害として併発することは少なくありません。

2 ── 障害のある子どもを養育する家庭に対する支援

（1）障害の早期発見・早期支援

　障害は身体障害のような視覚的に判断できる障害だけでなく、知的障害や発達障害等の視覚的には分かりにくい障害もあります。障害は早期に発見することで適切な支援を受けることができ、その後の社会生活への適応性を高めることができます。それでは、視覚的に判断が難しい障害はどのような状況で判断されているのでしょうか。日本では、障害の有無だけでなく、子どもの健康を守るため、乳幼児期にさまざまな取り組みが行われています（図10－1）。

　障害の早期発見（疑いを含む）と早期支援はともに重要です。障害について早期に支援することは、子どもの将来の社会生活を豊かにするとともに、保護者支援や二次的障害の予防にもつながります。また、通常の保育だけでなく、子どもの障害特性に合わせて支援を行う「療育」が大切となります。「療育」とは、発達支援とも呼ばれ、心身に障害のある子どもに対して、障害の特性に合わせた日常生活の基本的動作や知識技能の付与、集団生活への適応訓練などを行います。幼児期の療育は主に「児童発達支援センター」や「障害児入所施設」等で行われています。

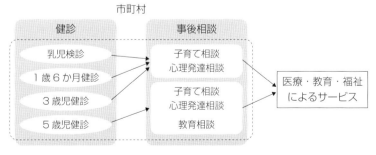

図10－1　子どもの健康を守る乳幼児の取り組み例

★10
障害受容の段階的モデ
ルとしてドローター
(Drotar, D.) は、障
害受容までの流れを、
ショック→否認→悲し
みと怒り→適応→再起
の段階に分けていま
す。

早期支援は、障害のある子どもだけでなく、保護者に対しても重要です。保護者はわが子が障害や病気であると診断を受け、その事実を受け入れ、前向きに取り組めるようになるまでにさまざまな段階★10を乗り越えていきます。その段階を乗り越える期間は、保護者によって違い、保育者は保護者の気持ちに寄り添い、支えることが大切です。

保護者の障害受容について、保育者は保護者の気持ちに寄り添う以外にどのような支援をすることができるでしょうか。具体的な支援内容について考えてみましょう。

（2）家庭に寄り添う支援

先に述べたように保護者はさまざまな段階を経て、子どもの障害を受け入れていきます。乳幼児期においては、視覚的に判断が難しい障害について、障害受容が難しい保護者が少なくありません。知的障害や発達障害の特徴は、乳幼児期の発達段階で確認される子どもの特徴と重複する場合もあり、他の子どもと自分の子どもの違いに困惑する場合もあります。一方、障害の受け入れはそれぞれですが、同年代の子どもと自分の子どもを比較して違和感を抱いており、障害や病気である診断を受けることで子どもとの向き合い方を変えることのできる保護者もいます。そして、子どもの障害受容は、保護者のみならず、周囲の環境も大切であり、家族の理解と協力体制や保育所等の理解と支援等により、少しずつ進めることができます。

（3）家庭との連携と支援

障害のある子どもを養育する家庭については、通常の保育や支援と比較して配慮が必要となります。子どものよりよい発育・発達を促すためには、家庭との連携はとても重要となります。連携をするうえで大切なことは「信頼関係」「相互理解」「説明と同意」になります。

「信頼関係」は最も大切であり、信頼関係が正しく構築されていないと支援に対する理解を得られず、同意にも至りません。保育者は、保護者の子どもへの愛情や育て方を肯定的に認め、感情に寄り添い、支えることが大切です。そのためにも保育者は子どもの理解と保護者との信頼関係形成を常に怠らず、保護者が養育に対して常に肯定的に取り組める言葉かけや必要な福祉

第2編

9 地域の子育て家庭に対する支援

10 障害のある子ども及びその家庭に対する支援

11 特別な配慮を要する子ども及びその家庭に対する支援

12 要保護児童等の家庭に対する支援

13 子ども虐待の予防と対応

14 多様なニーズを抱える子育て家庭の理解

終 子育て支援のまとめと展望

サービス等の情報提供をしていきます。

「相互理解」は、対象となる子どもの情報や支援について、それを保育者と保護者間で共有することです。家庭では子どもに適応した環境が整えられているため、保育所等の環境が子どもにとって生活しづらい環境になる場合もあります。また、子どもが家庭と保育者の前で見せる姿は違います。そのため、保育者は保護者に対して子どもの様子や出来事を正しく報告するとともに、家庭での子どもについても理解をするように努めます。

「説明と同意」は、文字通り支援について説明することと同意を得ることです。保育者が子どもや保護者にとってよい支援であると考えたとしても、保護者に説明せずに支援を実施したり、保護者がその支援に納得しないまま支援を実施したりすると保護者が不信感を募らせ、不十分な支援結果を招くことになります。そのため、保育者は保護者に対して支援の方法を丁寧に説明し、支援の実施に向けた同意を得ることが大切です。同意が得られない場合は、改めて保護者とともに支援方法について検討することが必要です。

（4）保育現場における障害への支援

さまざまな障害に対する理解が深まり、保育所等における障害のある子どもの受け入れは増加傾向にあります。また、近年では医療的ケアが必要な子どもの受け入れも増加しています。保育現場では、障害のある子どもに対して子ども一人一人の特徴に合わせた支援が行われますが、保護者からの申請を受けて「加配保育士」を配置することも可能です。加配保育士の配置基準は自治体によって異なります。また、障害の診断は受けていないが配慮が必要とされる子どもに対する加配保育士の配置についても自治体によって異なるため、確認が必要です。

保育現場では、障害のある子どもも周りの子どもと同じ環境で保育を行う「統合保育」の考え方の保育が多く行われていました。最近ではさらに、障害のある子どもに対してだけでなく、子どもの年齢・国籍・障害の有無などの違いを全て受け入れて、子どもの個々の特性を把握したうえで保育を実施する「インクルーシブ保育」を実施する保育現場も増えてきました。どちらの保育も保育者には障害に対する知識や支援技術が求められ、年齢やクラスに関係なく園全体で組織的に取り組む必要があります。

障害のある子どもが周りの子どもと遊ぶことや集団で行動することは、子ども同士の関わりから社会性や協調性を高めることが期待できます。また、保護者にとっては、家庭とは違う子どもの姿を見ることができるとともに、子育ての悩みを担当保育者と共有することができます。さらに、地域の子育

て家庭との交流や子どもを保育現場に預けることで自身の生活時間に余裕が
生まれ、気持ちの安定を図れる場合もあります。

保育者として障害のある子どもを養育する保護者と信頼関係を構築するため
に大切なことは何か考えてみましょう。

③── 障害のある子どもを養育する家庭への支援における配慮事項

　本節では、障害の概要や障害のある子どもを養育する家庭への支援につい
て解説してきましたが、その内容をふまえて、支援における保育者の配慮事
項を下記に説明します。

①保護者との信頼関係を大切にする

　本節で「信頼関係」という言葉を多く使用しましたが、保育者の意図する
支援を可能とするためには、保護者が保育者を信じて頼ってくれる気持ちを
持ってくれることが大切です。

②言葉づかいと会話の内容

　子育て支援全般において言葉づかいは大切です。そのうえで、障害のある
子どもを養育する保護者に対しては、安易に「○○はできますよ」「○○は
できるようになります」等の可能性を含めた発言は避けるようにします。周
囲の子どもができることであっても、障害という難しさが要因となり、でき
ない子どももいます。大切なことは「できていること」「頑張っていること」
について積極的に伝えることです。

③保護者の立場に立った考えを持つ

　保育者は子どもを保育することが仕事です。その中には障害のある子ども
を保育することも含まれます。しかし、保護者は仕事で子どもの養育、家事
や炊事をしているわけではありません。保育者が当然できると思うことで
あっても保護者にとっては容易ではないこともあります。保護者が現在どの
ような環境で生活をし、子どもと関わっているのか等をふまえて保護者と接
することを心がける必要があります。

④見通しある組織的な支援

　次節の事例を通して学びますが、保育者は子どもの小学校就学に向けて保

第2編

9 地域の子育て家庭に対する支援

10 障害のある子ども及びその家庭に対する支援

11 特別な配慮を要する子ども及びその家庭に対する支援

12 要保護児童等の家庭に対する支援

13 子ども虐待の予防と対応

14 多様なニーズを抱える子育て家庭の理解

終 子育て支援のまとめと展望

護者と目標を立てて支援に取り組みます。その際、保育所、児童発達支援センター等で勤務する保育者一人が支援をするのではなく、その施設・機関における全職員が子どもと保護者を理解し、支援の方法を統一することで保護者は安心感を持ち、より肯定的に子どもの養育に取り組むことができるようになります。

第2節　子育て支援の実際

　ここからは事例を通して、障害のある子ども及びその家庭に対する支援について学びます。子育て支援における保育者の役割や配慮事項について具体的に考えてみましょう。

事例　就学したらどうなるの？

○本人等のプロフィール
A児（6歳・男児）
家族：母（34歳）・弟（4歳）　A児が5歳になるころ両親は離婚し、A児と
　　　弟は母親と暮らしている。
備考：A児は保育所を満3歳児クラスから利用しているが、保育活動に集中で
　　　きないことや感情の起伏が激しく、友だちに対して攻撃的な関わりが確
　　　認されている。就学時健康診断を経て、A児の特徴から「注意欠如／多
　　　動症（ADHD）」と診断され、「自閉スペクトラム症（ASD）」の疑いも
　　　示唆された。また、情緒の不安定さと自分の体を激しく叩く自傷行為も
　　　確認され、就学後の進路について特別支援学級を提案されている。

事例1－①
　就学時健康診断を受けた後、A児の母親は就学相談を勧められました。就学相談後に保育所での様子もふまえて、A児の状態について医師の診断を仰いだところ、ADHDと診断され、ASDの疑いもあることを告げられました。母親は困惑した様子で、担当保育者に対して「先生、できることならAには通常学級で周りの子どもと関わりながら学んでほしいと思っています。けれど、小学校はAにとって苦痛に感じる場所になってしまうのでしょうか」と悩みを打ち明けました。

ワーク 3

子どもの障害について、医師の診断に困惑している保護者に、保育者として
あなたはどのような声かけをしますか。理由とともに考えてみましょう。

就学時健康診断（以下「就学時健診」）は、小学校に就学するにあたって
居住地の小学校区で実施される健康診断です。就学時健診では、それまでの
乳幼児健診だけではなく、小学校就学後の子どもの様子も視野に入れてさま
ざまな検査[11]が実施されます。その中で、発達が気になる子どもが発見さ
れる場合も少なくありません。本事例では、保育所での気になる行動も確認
されていることから、就学時健診後に医師を受診し、診断に至っています。

発達障害は、複数の障害が併存する場合があります。A児はADHDと診
断をされつつもASDの疑いも示唆されています。ADHDとASDは障害特
徴が似ていることもあり、幼児期における診断は慎重に行われます。発達障
害はコミュニケーションの難しさを抱える障害であり、その特性が理解され
ず、周囲とトラブルになることもあります。そのようなことから二次的な障
害として情緒障害を引き起こす場合もあります。本事例においてもA児に
は情緒面における問題も指摘されています。就学に向けて子どもの障害特性
によっては、特別支援学校や特別支援学級を提案される場合もあり、その提
案に対して困惑する保護者も少なくありません。保育者は保護者の気持ちに
寄り添いつつ、子どもが小学校就学後に感じると考えられる生活における困
難な事柄や特別支援教育に関する正しい情報を提供することが大切です。そ
のため、保育者は保育に関する知識だけでなく、小学校の学習環境や集団行
動の在り方について理解を深める必要があります。これはA児に限ったこ
とではなく、全ての子どもが対象となります。

事例1 −②
　担当保育者は、母親に対して保育所と小学校の違いについて説明すると
ともに、特別支援学校や特別支援学級で受けられるA児の特性に合わせ
た支援についても情報提供を行い、A児にとってよりよい就学先について
ともに考えていきたいと提案しました。
　また、就学に向けて、保育所ではクラス全体で少しずつ小学校生活の体
験を保育活動に取り入れるなど、小学校生活で想定されるA児の困難な
事柄に対する支援を提案し、母親も安心した様子でした。

ワーク 4

① 保育と小学校教育にはどのような違いがあるのか自身の経験も含めて考えてみましょう。
② Ａ児が感じる小学校生活での困難な事柄としてどのようなことが予想できるか、グループで意見を出し合ってみましょう。
③ 保護者に対して②の内容をどのように共有するべきかグループで話し合ってみましょう。

　保育の環境と小学校の環境は、大きく違います。例えば、保育では子どもの成長・発達について「遊び」を通じて促し、支えます。一方、小学校では、教科カリキュラムが実施され、各教科等から構成される時間割に基づく学級単位の集団指導が主となります。発達障害を抱える子どもの多くは、コミュニケーションに難しさを抱えており、集団行動が苦手な子どももいます。また、教科別学習から学習障害が発見される子どももいます。保育現場から小学校に就学した子どもの中には障害の有無にかかわらず、小学校の環境に馴染めず（小１プロブレム★12）に登校を拒否する子どもがいます。そのため、就学に向けては、保育者が小学校の環境がどのようなものであるのかを十分に理解し、そのうえで就学後の子どもの姿を見通した支援を行うことが必要となります。

事例１−③

　その後、Ａ児は就学先の小学校からの支援もあり、幼児部の通級による指導を受けることになりました。Ａ児は保育所と通級による指導を通して、スムーズな就学を行うことができました。就学後は通常学級に所属しつつ、特別支援学級においても支援を受けています。また、小学校では保育所から提出された保育所児童保育要録★13や個別の教育支援計画★14をもとにＡ児の特性をふまえて学級運営が図られています。

　Ａ児は就学後に集団行動で若干ストレスを抱えながらも、担任教師や特別支援学級の担当教師に対して自身の気持ちを素直に話すことができており、小学校生活に適応していることが母親と小学校から担当保育者に対して報告されています。

第2編

9 地域の子育て家庭に対する支援

10 障害のある子ども及びその家庭に対する支援

11 特別な配慮を要する子ども及びその家庭に対する支援

12 要保護児童等の家庭に対する支援

13 子ども虐待の予防と対応

14 多様なニーズを抱える子育て家庭の理解

終 子育て支援のまとめと展望

★12　小１プロブレム
小学校就学後に子どもが小学校の生活や雰囲気に馴染めず、落ち着かない状態が数か月続く状態を指します。

★13　保育所児童保育要録
小学校における子どもの理解を助け、育ちを支えるために、保育所生活での一人一人の子どもの育ちの姿を保育における援助の視点や配慮をふまえて記録したものをもとに、簡潔にまとめた資料です。

★14　個別の教育支援計画
p.132を参照してください。

子どもが小学校就学後に円滑な学校生活を送れるようにするためには、保育所等と小学校が共通の認識を持って就学準備を進めることが必要です。その支援ツールとして個別の教育支援計画があります。個別の教育支援計画は、障害のある児童生徒などについて、家庭、地域および医療や福祉、保健、労働等の業務を行う関係機関と連携を図って作成する計画です。見通しのある計画を保育・教育の現場で共有することにより、子どもに対して一貫性のある継続した支援をすることが可能になります。障害のある子どもの支援で大切なことは、生涯にわたり途切れのない支援を行うことです。個別の教育支援計画は幼児期から学童期にかけて支援に関係する機関が連携する手段になるだけでなく、保護者が子どもの今までの育ちやこれからの見通しを持って養育を行う際の目安にもなります。

事例 　毎日が大変、でも、つらくはない

○本人等のプロフィール
B児（4歳・男児）
重症心身障害児であり、医療的ケアが必要な状況
児童発達支援センターで児童発達支援を利用している
家族：父親（30歳）、母親（29歳）
備考：両親はB児の養育について、肯定的に関わり、明るい家庭に見える。B
　　　児には重度の知的障害と麻痺があり、自立歩行は難しく、身体の硬直も
　　　確認されている。

事例2-①
　B児の両親は育児ついて肯定的で、養育に対しても積極的な姿勢が見られます。児童発達支援センターにおいて児童発達支援を利用しており、送迎の際にも、日々明るくB児に話しかけている様子が担当保育者や看護師から確認されています。

　事例に登場する重症心身障害とは、重度の知的障害と重度の肢体不自由が重複した状態です。重症心身障害という用語は、医学的な診断名ではなく、児童福祉法上の措置を受けるための行政用語です。

第2編

9 地域の子育て家庭に対する支援に

10 障害のある子ども及びその家庭に対する支援

11 特別な配慮を要する子ども及びその家庭に対する支援

12 要保護児童等の家庭に対する支援

13 子ども虐待の予防と対応

14 多様なニーズを抱える子育て家庭の理解

終 子育て支援のまとめと展望

事例2-②

　ある日の朝、B児の母親には笑顔は見られるものの、言葉数も少なく、目には涙を浮かべているように見えました。担当保育者は、その表情や雰囲気が気になり、お迎えの際に母親に何か気になることはないか尋ねました。すると母親から、「子育てって大変ですよね。障害がなければBは今ごろ保育園で友だちと楽しく過ごしていたのかな、って考えちゃいました。だめな母親ですよね」と涙を流して保育者に話し始めました。

　担当保育者は母親の気持ちを受け止め、B児の日中の様子を丁寧に話しました。母親は、「大丈夫です。Bには私たちしかいません。私たちがしっかりしていれば大丈夫」と気丈にふるまっている様子でした。担当保育者は、母親に無理はしないで、つらい気持ちを話してほしいと伝えると、母親は「うれしいです。いろいろと話を聞いていただけるとありがたいです」と家庭におけるB児の養育や障害に対する困惑、将来の不安等について話してくれました。

①事例2-②において、涙を流しながら話す母親の背景にはどのような気持ちがあるのか考えてみましょう。
②あなたが担当保育者ならば、母親に対してどのような声かけをするか、①の考えもふまえてグループで意見を出し合ってみましょう。

　障害のある子どもを養育することは、健常な子どもを養育することに比べ、障害の特性に応じた養育や個別の療育等が必要とされます。そのため、ときに保護者は、さまざまな育児ストレスや環境の変化等により、子どもの養育に対して否定的に捉えてしまう場合もあります。また、同年代の子どもと自分の子どもを比較し、その違いから養育に対して孤独感を感じる保護者も少なくありません。

　こうした場合、保育者は常に保護者の気持ちを受け止めるように関わることが重要で、保護者の現在までの養育についての頑張りを認め、支援することで信頼関係の形成につながります。また、保護者は養育の不安や悩みを打ち明ける際に感情を吐き出したいという気持ちを持っていることもあるため、保護者の感情表出がしやすいように、保育者は共感的な態度で関わることが大切です。

　その後担当保育者は、児童発達支援センターの職員とカンファレンスを開催し、月に一度、Ｂ児の母親が養育に対して抱える不安や悩みを話せる時間を設けることとしました。その後、支援を受けた母親は、担当保育者に「先生、ありがとうございます。私たち（両親）は、Ｂが大好きです。でも、時々不安になることもあります。そんなときに先生が話を聞いてくれることはとてもうれしいです。他の子どもに比べて、やらなくてはいけないことはたくさんあるけれど、Ｂが見せてくれる笑顔があればつらくないし、先生が話を聞いてくれるから安心です」といつもの笑顔を見せくれました。

Ｂ児とその保護者に対してどのような支援が考えられるでしょうか。Ｂ児だけでなく、養育にも視点を当てて、グループで意見を出し合ってみましょう。

　障害のある子どもやその保護者を支援する場合、障害の特性に合わせて医療、保育、福祉、教育等のさまざまな分野が連携・協力する必要があります。本事例においては、子どもは医療的ケアを必要としており、また、児童発達支援という福祉サービスを受けているため、医療的な支援だけでなく、福祉的な支援も必要となります。カンファレンスとは、患者や利用者に対してより質の高いサービスを提供できるようにスタッフ同士が患者や利用者について話し合い、よりよい問題解決の方法を話し合う会議です。カンファレンスを実施することで、スタッフ間での情報共有や意見交換が図られ、共通認識のもとに支援を行うことができるようになります。

　障害のある子どもは健常な子どもを養育することと比較すると支援が多岐にわたり、負担も大きくなります。しかし、その子どもにしか見せることができない姿が保護者を勇気付け、優しい気持ちにもしてくれます。保育者は保護者が子どもに対して肯定的な気持ちを常に持てるように保護者の気持ちに寄り添い、保護者の自己肯定感を高めるような関わりをすることが大切になります。

プラス
α

保育現場において障害や病気等の診断のない、いわゆる「気になる子ども」に対して今後の保育内容等を提案する際、保育者は保護者に対してどのように関わるべきか、声かけや関わり方について考えてみましょう。

参考文献

・小林保子・立松英子『保育者のための障害児療育―理論と実践をつなぐ―改訂版』学術出版会　2013 年
・森則夫・杉山登志郎・岩田泰秀編『臨床家のための DSM-5 虎の巻』日本評論社　2014年
・篠田達明監修、沖高司・岡川敏郎・土橋圭子編『肢体不自由児の医療・療育・教育改訂 3 版』金芳堂　2015 年
・杉山登志郎監修『子どもの発達障害と情緒障害』講談社　2009 年
・田中康雄監修『イラスト図解　発達障害の子どもの心と行動がわかる本』西東社　2014 年

【参考ホームページ】
・文部科学省「発達障害について」
https://www.mext.go.jp/a_menu/shotou/tokubetu/hattatu.htm（令和 5 年 5 月 17 日閲覧）
・厚生労働省「障害者手帳」
https://www.mhlw.go.jp/stf/seisakunitsuite/bunya/hukushi_kaigo/shougaishahukushi/techou.html（令和 5 年 5 月 17 日閲覧）

第2編

9 地域の子育て家庭に対する支援

10 障害のある子ども及びその家庭に対する支援

11 特別な配慮を要する子ども及びその家庭に対する支援

12 要保護児童等の家庭に対する支援

13 子ども虐待の予防と対応

14 多様なニーズを抱える子育て家庭の理解

終 子育て支援のまとめと展望

特別な配慮を要する子ども及びその家庭に対する支援

第 **1** 節　特別な配慮を要する子どもとその家庭の理解

1 —— 特別な配慮を要する子どもとは

①特別な配慮を要する子どもと問われて、どのような姿を思い浮かべますか。
②①の子どもの姿を受けて、保護者はどのような思いや悩みを持つのか、考えてみましょう。

　特別な配慮を要する子どもと聞くと、第 10 章で学んだ「障害のある子ども」を思い浮かべるのではないでしょうか。すでに学んだように、障害のある子どもは、その症状や特性に応じた支援（療育・発達支援）を受けることによって、それぞれの困りごとが減少・緩和され、健やかな子どもの育ち、また保護者の安心感へとつながっていきます。

　しかし、保育所等では、障害の有無だけでなく、診断名が付かない子ども、または、別の要因で「発達障害」と似た症状や特性を示す子どももおり、その姿に悩む保護者がいます。

　図 11 − 1 は、文部科学省が 2022（令和 4）年 12 月に発表した「通常の学級に在籍する特別な教育的支援を必要とする児童生徒に関する調査」[1] の結果です。この調査は 10 年に 1 度実施され、通常の学級において、特別な教育的支援を必要とする児童生徒数の割合を示しています。

　みなさんは障害のある子どもやその家庭に対して、早期発見・早期支援の

★1
全国の公立の小・中・高等学校の通常の学級に在籍する児童生徒を対象とし、学級担任等が回答した調査。この調査によって、通常学級に在籍する小中学生の 8.8％に、学習面や行動面で著しい困難を示す子どもがいることが明らかになりました（前回調査では 6.5％/2012［平成 24 年］）。

第2編

9
地域の子育て家庭に
対する支援

10
障害のある子ども及び
その家庭に対する支援

11
特別な配慮を要する子ども
及びその家庭に対する支援

12
要保護児童等の家庭に
対する支援

13
子ども虐待の予防と
対応

14
多様なニーズを抱える
子育て家庭の理解

終
子育て支援のまとめと
展望

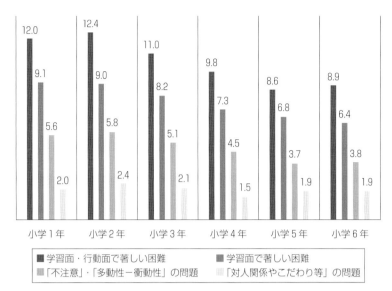

図11－1　「学習面、各行動面で著しい困難を示す」とされた小学生の学年集計（割合）

出典：文部科学省「通常の学級に在籍する特別な教育的支援を必要とする児童生徒に関する調査結果について」2022年　p.8をもとに作成

重要性を学び、そして、乳幼児の健診、診断について理解していることでしょう。しかしながら、実際には、「知的障害」や「発達障害」等、視覚的に分からない障害（見えない障害）であるため、健診を通過してしまうことや診断が付かないこともあり得ます。さらに、保護者が健診・受診を拒否する、診断が付いてもそれを認めない（認められない）等、子どもだけでなく、保護者の思いや考えによっても、特別な配慮を要する場合があります。

2 ── 保育における「気になる子」とは

（1）「気になる子」は「困っている子」

　保育所等では、診断名は付かないが、発達において、他の子どもと異なる言動や遅れ、つまずき等が見られる子どもを「気になる子」と表現することがあります。ここで、誤解してはいけないことは、「気になる子」は決して「困った子」ではないということです。集団行動から離れる、友だちを叩いてしまう、感情のコントロールが難しい等の姿から、保育者や保護者は「気になる子」に対して「困った子」という印象を抱いてしまうことがあります。しかし、実は、その子自身が困りごとを抱えており、誰にも相談できず戸惑っている、もしくは、その困りごとに気付かず好ましくない言動を繰り返してい

る、といった状態にあるのです。だからこそ、保育者は「困った子」ではなく、「困っている子」という視点で、子どもの姿や困りごとを保護者と共有していくことが求められます。

「気になる子」の背景に必ずしも「発達障害」[★2]があるとは限らず、発達の個人間差異・個人内差異、保護者との関わり、子どもの生活環境等、さまざまな要因が考えられます。また、一つの要因だけではなく、複数の要因が重なっていることもあります。

（2）発達の遅れ・偏り

①乳幼児期の発達の特徴と重視すべき課題を整理してみましょう。
②発達が遅れる、偏ることによって、子どもや保護者にどんな影響を与えるのか、考えてみましょう。

子どもの発達の理解[★3]（発達の過程、支えるべき手立て）は、押さえておかなければならない保育者の専門性です。その中でも、乳幼児期の発達は、保育者が子ども一人一人に応じた保育を行ううえで、さらに、初めて子育てを行う保護者に子どもの姿を教え伝えていくうえでも重要となります。

発達を理解するにあたって、保育者は個人間差異（個人差）と個人内差異（個人内差）の両方の視点から子どもの発達を捉えなければなりません（図11 − 2）。特に、個人間差異（同年齢集団内での発達の差異）は保護者の子育てに対する不安をより大きくすることが指摘されています。乳幼児期において、保護者が他の子どもの発達と比較[★4]してしまいやすいものに、「一人歩き」と「言葉の発育」[★5]があります。「一人歩き」を例に挙げると、7 〜8 か月くらいで歩き始める子もいれば、16 か月くらいで歩き出す子もいます。子どもの発達に個人内差異があることは、保護者も理解しているかもしれません。しかし、いざ、目の前の子どもに〝発達に遅れ〟があるのではないかと思うと気が気ではありません。そんなとき、保育者をはじめ、専門職からの適切な助言があることで、保護者の不安や悩みの緩和につながります。

発達の個人内差異（個人の中での言語、運動、社会性等の発達領域[★6]の差異）についても触れておかなければなりません。発達の個人内差異は、言い換えれば、発達が早いものがあったり、逆に遅いものがあったりすること

★2
「発達障害」のグレーゾーンと呼ばれることがあります。グレーゾーンは、発達障害の症状や特性が見られる（疑われる）ものの、診断基準には満たない状態です。その症状や特性によっては、特別な配慮を必要とすることがあります。

★3
発達について、「順序性や方向性」という縦の関係と、「運動、言語、感情等の領域とのつながり」という横の関係の2つの軸から理解することが望まれます。

★4
アメリカの研究で、早生まれの子どもは診断がつきやすいとの調査結果があります。4月生まれと3月生まれでは、約1年も発達に差があることから、その点を十分に考慮して、発達を捉えることが求められます。

★5
「言葉の発育」として、喃語は、子どもによって5〜6か月より早く出る子もいれば、1歳になってから出る子もいます。

★6
発達領域として、言語面、感情面、認知面、運動、社会性、知覚等があります。

第2編

9 地域の子育て家庭に対する支援

10 障害のある子ども及びその家庭に対する支援

11 特別な配慮を要する子ども及びその家庭に対する支援

12 要保護児童等の家庭に対する支援

13 子ども虐待の予防と対応

14 多様なニーズを抱える子育て家庭の理解

終 子育て支援のまとめと展望

図11－2　個人間差異（個人差）と個人内差異（個人内差）

出典：川口めぐみ「保育における障がいの理解と支援」小橋明子監修、木脇奈智子編『子育て支援』中山書店　2020年　p.106

や、よくできることもあれば、苦手なこともあったりすることです。子どもの発達は一人一人異なり、それぞれに発達の偏りが見られることがあります。保育者や保護者は、子どもの苦手なことに注目してしまいがちですが、苦手なことに挑戦するだけではなく、できることをさらに増やすことも、子どもの発達において大切なことです。

3 ── 特別な配慮を要する子どもを養育する家庭に対する支援

（1）保護者から子どもの発達に関する相談を受けたとき

　特別な配慮を要する子どもに限ったことではないですが、子どもの発達を支えるうえで、同僚・管理職も含めた園全体での支援体制、関係機関・専門職との連携、そして、何より、家庭との協力関係が不可欠になります。協力関係を築いていくうえで、保育者と保護者の間に“信頼（頼り頼られる存在）”があってこその支援といえます。

　保護者から相談を受け、返答を行うことも保育者の職務です。保護者からの相談は、子どもに関する相談もあれば、保護者自身に関する相談等、さまざまです。その中でも、子どもの発達に関する相談は多く、言い換えれば、それだけ、子どもの発達への不安が大きいことを表しています。さらに、情報が手軽に入手できる現代だからこそ、「発達障害」という言葉が保護者の不安をより駆り立てているとも考えられます。

　保護者から子どもの発達の相談を受けたとき、保育者として、情報を整理することを意識する必要があります。相談内容にもよりますが、安易に返答

した結果、保護者が不信を抱く恐れがあります。いつまでに返答するという期限を伝え、相談内容を持ち帰り、同僚や管理職等と検討する方法もあります。

　情報を整理することにおいて、"子どもの困りごと"は、特に着目してもらいたい視点です。保育者には、子どもが日常生活の中で、どのようなことに困っているのか、そのことを保護者と共有し、手立てを考えていくことが求められます。

　また、保育者が発達の関係機関・専門職に助言を求めることも有効です。訪問支援である「巡回支援専門員整備事業」★7や「保育所等訪問支援事業」★8を活用することもできます。さらに、関係機関・専門職を保護者に紹介することも一つの方法として考えておきましょう。その際、事前に先方に情報を伝えておくこと、もしくは保育者も同行することで、保護者に安心感を与えます。

　保育者は、保護者からの相談を返答して終わりではなく、その後の支援についても把握しておく必要があります。よく誤解されがちですが、障害の診断、障害者手帳を取得しなくても、「受給者証（通所受給者証）」★9を申請することで、福祉サービス（障害児通所支援）である「児童発達支援」「放課後等デイサービス」★10の利用が可能となります。特に、「児童発達支援」は、未就学の障害児だけでなく、療育・発達支援を必要とする子どもに対して、保護者と一緒に作成した支援計画に基づき、一人一人の症状や特性に応じた支援（日常生活の基本的な動作の指導、知識技能の付与、集団生活への適応訓練、その他必要な支援）が行われます。また、保護者にとっても、保育者とは異なる窓口、加えて、同じ不安や悩みを抱えた保護者同士がつながる場にもなります。

（2）保護者に子どもの健診や受診をお願いしたいとき

ワーク 3

①保護者には子どもの健診や受診を拒む人がいます。拒む理由を思いつく限り挙げてみましょう。
②①で出てきた意見から1つを選んで、保育者役と保護者役に分かれて、ロールプレイを行ってみましょう。
③子どもの健診や受診を別の表現に換えてみましょう。

★7　巡回支援専門員整備事業
保育所等のニーズに応じて相談員が派遣され、保育者へ専門的支援を行います。利用は保育所等から申請し、障害児だけでなく、発達障害の可能性がある子どもも支援の対象となります。

★8　保育所等訪問支援事業
児童発達支援センター等の職員が保育所等を定期的に訪問し、対象の障害児や保育者に対し、障害児が集団生活に適応できるよう専門的な支援を行います。利用は、保護者からの申請となり、受給者証で利用可能です。

★9　受給者証
福祉サービス利用のための証明書を「受給者証」といい、「障害児入所支援受給者証」や「自立支援医療受給者証」等、複数の「受給者証」があります。「受給者証」の取得には、医師等から療育・発達支援の必要性を認められることが必要です。

★10　放課後等デイサービス
学校通学中の障害児（「受給者証」を取得している子どもも含む）に対して、放課後や夏休み等の長期休暇中において、生活能力向上のための訓練や社会との交流等を継続的に提供します。

保育者の研修等で、「保育で『気になる子』がいるのですが、どのように保護者へ伝えればよいのか悩んでいます」「明らかに発達の遅れがみられる子がいて、一度専門機関へ相談（心理発達相談）してみてはと伝えたのですが、保護者が言葉を濁されて…」という声をよく聞きます。実際、現場の保育者は、日常の保育の中でさまざまな工夫、また配慮をし、子どもの発達を支えています。しかし、保育でできることにも限界があり、健診や受診等から専門機関と連携することを望む声が多く聞かれます。

健診や受診等を保護者にお願いする際[★11]も、"子どもの困りごと"[★12]に焦点をあてて進めていくことが望まれます。家庭では「手がかからない子、落ち着いている子」であっても、保育所等、集団生活の場で困りごとが多く生じていることがあります。そうした子どもの姿を保護者と共有する[★13]ことで、どうすればよいかという考えにたどり着きます。

健診や受診等は、本来子どもの発達を支えるうえで、大切な情報が多く示されます。その子の発育状況だけでなく、得意としていること、苦手としていること、また、保護者にとって、子育てが負担なくできるヒントが見つかるかもしれません。保護者の負担感が減少することは、子どもにとっても好ましいことです。しかし、健診や受診等の機会をそのように受け取れない保護者がいることも事実です。

ワーク4

あなたが担当しているＡ児の保護者から「健診で『発達が遅れている』と告げられ、まるで自分自身が責められているような感覚に陥ってしまった（それ以降、健診へ行くことが怖くなった）」という相談を受けました。保育者としてのあなたは、Ａ児や保護者に対してどのような役割が担えるか考えてみましょう。

健診や受診等が子どものためと理解していても、現実を突きつけられ、責任感から自分を責めてしまう、そんな保護者もおられます。筆者が参加した保育者の研修等でも、うまくいった事例の多くに、子どもと保護者のそれぞれの困りごとに焦点を当て、子どもと保護者の気持ちに寄り添う姿勢が挙げられていました。また、行政や専門機関と連携し、事前に役割分担を明確にしていたため、保護者にとって保育者が"味方"となり、そこから一歩ずつ進むことができたという報告もありました。保育者は、子どもや保護者にとっ

★11
保育者は障害の診断は専門外で、子どもの診断を行うことができませんが、目の前の子どもの困りごとを対応するためには、保護者の力が不可欠です。だからこそ、健診、受診等に子ども、保護者をいかにつなげられるかが重要になります。

★12
例えば睡眠ついては、健診や受診等のきっかけになることがあります。子どもの困りごとに（家庭の生活リズムが不規則という理由以外に）夜寝れない、朝起きれないという姿が見受けられ、子どもも保護者も困っているということであれば、睡眠専門（睡眠外来）を紹介することで、健診または受診等へと結びつくことがあります。

★13
保護者に一度子どもから見えない場所で見学をしてもらう、または映像等を用意し、保育所等での取り組みを伝えたうえで、子どもの困りごとを伝えていくという方法もあります。

て身近な存在であるからこそ、さまざまな思いを打ち明けられる関係性を築いていくことが求められているといえます。

第2節　子育て支援の実際

　ここからは事例を通して、特別な配慮を要する子どもやその家庭に対する支援について学びます。事例を通じて保育者の役割や配慮事項について具体的に考えてみましょう。

事例　子どもの障害を受け入れられない保護者の事例

○本児等のプロフィール
B児（6歳・男児）
家族：父（38歳）・母（36歳）・姉（10歳・小学4年生）・兄（8歳・小学2年生）
備考：2歳から保育所を利用し、3歳児健診で発達の遅れの指摘を受ける。医療機関を受診し、「自閉スペクトラム症（ASD）」と診断され、それ以降、保育所の利用が少なくなる（児童発達支援等は利用していない）。B児はコミュニケーションが一方通行になりがちで、場面や気持ちの切り替えに時間を要するが、活発でクラスでも人気者である。父親は会社勤めで基本自宅におらず、子育ては母親に任せている。母親はパート勤務であったが、B児の診断を受け、仕事を辞め、自宅にいることがほとんどである。二人のきょうだいは通常学級に通い、自宅ではB児の世話や一緒に遊ぶなど、B児との関係は良好である。

事例1－①
　B児が障害の診断を受けて以降、1週間で1日だけ来所という週もあるなど、保育所へ来る回数は少なくなっていました。保育者が朝、保護者へ連絡しても、体調不良だけでなく、さまざまな理由でB児を休ませることが多くありました。こうした状況を行政も把握しており、保育所と常に情報共有を行い、保護者との関係が切れないよう、保育所、行政の担当者それぞれが保護者との関わり方を模索していました。
　B児が保育所に来たときは、満面の笑みという言葉がぴったりの表情で、自由遊びの時間は心行くまで楽しむ姿が見られました。その一方で、片付けの時間や自信のない活動では、感情を爆発させたり、その場から逃げた

第2編

9 地域の子育て家庭に対する支援

10 障害のある子ども及びその家庭に対する支援

11 特別な配慮を要する子ども及びその家庭に対する支援

12 要保護児童等の家庭に対する支援

13 子ども虐待の予防と対応

14 多様なニーズを抱える子育て家庭の理解

終 子育て支援のまとめと展望

りという姿もありました。Ｂ児は食事や着替え、排泄等の生活面でほぼ自立できており、他児とのコミュニケーション、また場面や気持ちの切り替えの他には、個別に支援することはそれほど多くありませんでした。そんなＢ児ですが、保育所で行われる行事には一度も参加できていません。保護者が頑なに参加を拒み続け、保育者からＢ児だけの参加を提案しても、すべて断られていました。

① Ｂ児を保育所に通わせない、行事に参加させない保護者である母親、父親それぞれの理由を考えてみましょう。
② ①で考えた保護者の理由をグループで発表し、その中から１つを選んで、保育所や保育者が保護者にできることを話し合ってみましょう。
③ 現状をふまえて、保育所や保育者はＢ児に対してどんなことができるでしょうか。特に、行事の準備でのＢ児の対応について考えてみましょう。

　Ｂ児は、年齢が上がるにつれて、食事や着替え、排泄等がほぼ一人でできるようになり、丁寧に家庭で教えられていることがうかがえました。その一方で、家庭でできることにも限界があり、本来の年齢で必要な体験や経験が不足しているため、友だちとトラブルになることや、Ｂ児が時折見せる自信のなさとも結びついているようでした。誰が見ても、Ｂ児にとって成長発達に望ましい環境が与えられているとはいえず、捉え方によっては、「マルトリートメント」[14]と受け取れる状態でした。

　Ｂ児の保護者に目を向けると、保育者が送迎時、また行政の担当者が家庭訪問を行っても、母親はＢ児を自分が育てるという気持ちを前面に出し、父親は仕事を理由にＢ児と関わろうとせず避けているという様子が見受けられました。また母親、父親ともに面談で、Ｂ児を大事な子どもと思いつつも、言葉とは裏腹に気持ちが追い付いていないと話していました。

　Ｂ児の保護者が抱えている問題は何なのでしょうか。そこに、「障害受容」[15]という言葉が当てはまるといえます。第10章にも触れられているように、「障害受容」とはさまざまな段階を経て、障害を受け入れていくことを指します。しかし、生じる感情や状態、期間は一人一人で異なります。本事例では、Ｂ児の障害の診断を受け、母親が「子どもに障害がある」「障害のある子どもの親」を強く意識し、"自分が立派に育てる""周りに知られたくない"

★14 マルトリートメント
大人の子どもへの不適切な関わり」を意味しており、虐待の意味を広く捉えた概念です。

★15
就学や就職等、さまざまな出来事によって、「障害受容」の段階が再起することがあります。さらに、障害を肯定する気持ちと否定する気持ちの両方が内在しており、状況に応じて、その気持ちが表面化するといわれています。

★16
母親は罪意識を抱く傾向があり、孤立感や抑うつ状態、精神混乱に陥るリスクも高くなります。さらに、障害が重度であるほど、子どもと保護者は「共依存」関係に陥りやすく、また外見上、障害が目立たないケースの場合は、現実を受け入れ難いといわれています。

という気持ちから、外部との関係をほとんど遮断してしまいました★16。父親も現実を受け入れることができず、子育てのすべてを母親に任せてしまった結果、B児は保育所に通えない、行事に参加できないという、負の連鎖が生じてしまったのです。

> **事例1−②**
> 　一方で、B児は登園すればクラスの人気者です。その理由として、きょうだいがいる影響なのか、その時のB児の気持ちにもよりますが、クラスの子と楽しそうに遊ぶ場面が頻繁に見られました。また、自分より小さい子のお世話をしてくれる、優しい姿もありました。B児と一緒に遊んだ子の保護者から保育者に「うちの子がBくんのことを楽しそうに話してくれます。Bくんはどの子ですか?」「ぜひ、Bくんの保護者さんとお話がしたいのですが」という問い合わせがよくあります。

ワーク
6

①保護者からの問い合わせに保育者としてどのような対応ができるでしょうか。保育者役と保護者役でロールプレイを行ってみましょう。
②障害のある子どもがクラスに受け入れられる環境づくりとして、保育所や保育者にできることを考えてみましょう。

★17
子どもの障害を受容することは容易ではありません。何気ない「今日、○○ちゃん、よくできていましたよ」という保育者の言葉でさえ、「他の子はもっとできているのに、わざわざ伝えるのは、うちの子が違うと言いたいから」と素直に受け取れないこともあります。

★18
保育者の専門的な関わりによって、子どもが変わることで、保護者も変わることがあります。受け止めるだけでなく、保育者の知識・技術が、保護者の「障害受容」へのアプローチとなります。

　自分の子どもがいろいろな人から受け入れられていることを保護者が知ったとき、どんなことを思うでしょうか。受容の段階によっては、障害があることを"あわれんでいる"と、マイナスに捉えてしまうかもしれません★17。しかし、こうした積み重ねが保護者の「障害受容」につながっていくことがあります。また、「障害受容」自体はその人自身によるものですが、それに関わる存在によって、段階の進み方も大きく変わります。それは、例えば、夫婦、祖父母の場合もあれば、子どもを受け入れてくれる、保育者の存在も大きいといえます★18。また、同じ不安や悩みを抱えた親同士の集まり（親の会）も「障害受容」に影響を与えるとの報告があります。

第2編

9 地域の子育て家庭に対する支援

10 障害のある子ども及びその家庭に対する支援

11 特別な配慮を要する子ども及びその家庭に対する支援

12 要保護児童等の家庭に対する支援

13 子ども虐待の予防と対応

14 多様なニーズを抱える子育て家庭の理解

終 子育て支援のまとめと展望

事例１－③

　10月初旬、保育所にＢ児の母親から電話がかかってきました。その電話の中で、Ｂ児の就学について、行政の担当者と話し合っているとのことでした。母親は、Ｂ児をきょうだいとは別の校区の小学校に通わせたいと思っており、行政の担当者にどのように伝えたらよいか、悩んでいると話していました。保育者がどうして別の校区に通わせたいのかと尋ねたところ、Ｂ児がいることで、もしかしたら、きょうだいが学校でいじめられるのではないかと心配していると伝えてきました。

ワーク7

①Ｂ児の保護者からの相談を受けて、保育所や保育者ができることはどんなことでしょうか。
②障害のある子どものきょうだいもさまざまな不安や悩みを抱えていることがあります。どのような不安や悩みがあるかを考えてみましょう。

　その後、Ｂ児はきょうだいとは別の校区の小学校（特別支援学級）へ通うことになりました。保護者からの申し出に対し、特別な事情があると行政に認められたためです。この決定によって、Ｂ児、そして、きょうだいに対する保護者の不安が少し和らいだのではないでしょうか。こうした柔軟な対応が保護者にとって安心へとつながっていきます。

　保護者が話していた、きょうだいに対する不安についても考えなければなりません[19]。母親、父親だけでなく、きょうだいもＢ児の障害によって、何かしらの影響を受けるかもしれません。もしかすると、母親がＢ児の子育てに追われている姿から、すでに何かを感じ取っているかもしれません。子どもは年齢に関係なく“自分を見てもらいたい”という思いを持っています。保育者がそうしたきょうだいの思いをくみ取り、代弁していく、または関わっていくことで、家族全体の支援につながっていくといえます。きょうだい支援という視点から保護者の信頼が得られることもあるため、さまざまな支援の道筋を考えておくことが望まれます[20]。

★19
悲しいことですが、障害のある子ども、その家族が奇異の目にさらされるということがあります。この問題はすぐに解決できるものではありません。社会全体が障害について理解を深め、さまざまな違いが認められるようになる必要があります。

★20
例えば、きょうだいの中には、自分の思いを我慢している子どももいることでしょう。親子でゆっくり話をする時間を設けるなどを、保護者に提案することを検討してもよいでしょう。

事例 診断が付かないグレーゾーンの子ども、気になる子ども

○本児等のプロフィール

C児（4歳・男児）

家族：父（26歳）・母（25歳）

備考：C児は3歳から保育所を利用している。当初は幼稚園を考えていたが、母親が体調を崩し入院することとなり、急遽保育所へ通うことになった。3歳児健診では「発達の遅れが見受けられる」と伝えられるが、「経過観察」となっていた。保育所での様子は、初めての集団生活で戸惑っているのかと思われたが、年齢が上がっても全体での説明は伝わりにくく、個別の指示がないと自分で動くことが難しい状況である。言葉でのやりとりはできるが、大人との会話がほとんどで、自分から他の子どもと関わる姿は見られない。また、保育所のトイレを嫌がり、入所してから一度も使わず、失敗することもあった。入所時は、母親の入院が重なり、父母ともに余裕が見られなかった。それぞれの親族にも頼れないようで、父母ともC児に厳しく接する場面が見られた。保育者との面談で、C児の子育てについて尋ねたところ、父母ともにC児のことを大切に思っており、「立派に育てたい」という強い想いを保育者に伝えていた。

事例2-①

　保育所でのC児は保育者からの個別の指示がないと、どの場面でもなかなか自分から動くということはありませんでした。また、指示がないとその場で想像の世界に入り遊んでしまう、そんな子どもでした。ただ、部屋から飛び出す、他の子どもの活動の邪魔をすることなどがないため、保育者も、"大変な子ども"という印象はありませんでした。

　保育所に入園してから3か月が経ったころ、イライラした、もしくはソワソワしたC児の様子が目立つようになりました。今までは、個別の指示で動こうとしてましたが、さらに細かい指示を求め、保育者に対しては「見ててね！　見ててね！」という言葉がよく聞かれました。そのことを父親に伝えたところ、父親は「母親が入院していることが影響しているのかもしれないが、家では特に変わりなく、自分のことは一人で行っている」と驚いた様子で話していました。

第2編

9 地域の子育て家庭に対する支援

10 障害のある子ども及びその家庭に対する支援

11 特別な配慮を要する子ども及びその家庭に対する支援

12 要保護児童等の家庭に対する支援

13 子ども虐待の予防と対応

14 多様なニーズを抱える子育て家庭の理解

終 子育て支援のまとめと展望

ワーク 8

①保育所でのC児の様子の変化ついて、その理由を思いつく限り挙げてみましょう。

②①の理由から1つ選んで、それを裏付けるために、保育所や保育者がどのような情報を集めればよいか、考えてみましょう。

C児の様子が変化した理由として、父親が話していたように、母親の入院が影響していると保育者も考えていました。厳しく接していたとはいえ、今まで築いてきた関係からC児は母親のことが大好きで、その存在が短期間とはいえ、突然いなくなると不安を抱くものです。また実際にC児にとって、母親は"道しるべ"的存在でもありました。母親からC児に投げかけられる言葉はC児が失敗しないよう、C児の行動を先回りしたものばかりでした。C児は母親の言葉通りに動けば、決して困ることはなかったのです。保育者は時には見守ること、子どもが考える機会を設けることの大切さを知っていますが、保護者がそのことを知っているとは限りません。子どもを大事に思うがあまり、失敗させないよう、言葉を投げかけていたことが、反対にC児を不安にさせていた可能性も考えられます。

加えて、C児の父親の「自分のことは一人で行っている」という言葉に疑問を持った人もいるのではないでしょうか。実際に、保育所等で家とは別の姿を見せる子どももいます。なぜ、異なる姿なのか、その理由について考えることで、さらなる子ども理解につながることでしょう。C児の場合は、今まで家で過ごしてきた経験から自信を持って自分のことを一人で行っていると考えられます。さらに、保育者と保護者とで「指示」の捉え方が異なり、家ではほとんどが個別の指示であるため、C児も困らない環境にあるといえます。

事例2−②

C児が保育所に入園してから1年、母親の退院、また保育者のC児の気持ちに寄り添った対応から、個別に細かい指示を求めることや注目を求める姿は少なくなりました。その一方で、集団活動においては、保育者から指示を待つことは続き、個別の指示がないと、自分で動けないということがほとんどでした。4歳児クラスに進級し、活動内容も少しずつ複雑になり、また子ども同士の活動も増えてくる中で、C児のそうした姿がより

目立つようになりました。子ども同士の活動では、保育者がC児と他の子どもの仲介役となっていました。

　さらに、おむつをはいているC児のトイレトレーニングも保育者を悩ませていました。トイレへ誘ってもC児は決して向かおうとせず、その結果失敗を繰り返していました。

　保育者は、こうしたC児の姿を送迎時、連絡帳等を通じて保護者へ伝えていましたが、その返答は「家では自分から動いている」「トイレも自分で行って、報告してくれる（家ではパンツをはいている）」と、それほど心配していない（困っていない）様子でした。

ワーク9

① 「集団活動の際、自分で動くこと」をC児の目標として設定したとします。個別の指示以外で、保育者としてできる（できそうな）支援・配慮等を考えてみましょう。
②この事例のように、子どもの姿や子育ての考え方等、保護者と保育者の意見や思いがすれ違うことはあります。保護者と意見や思いを共有していくにあたって、保育者としてできることを考えてみましょう。

　C児だけでなく、誰しも見通しを持つことで、次の活動への関心が高まるといえます。近年、多くの保育施設で行われているように、写真や絵カード、文字などでスケジュールを示すことは、見通しが持てず、不安を抱いている子どもたちにとって大切な手がかりとなります。特に言葉の理解は、発達や経験など、さまざまな要因が関連しているため、同年齢の子どもでも大きく異なることがあります。そこで、保育者は、耳だけでなく、視覚に訴えることも意識することが必要になります。発達の個人内差異として、聴覚よりも視覚からの方が情報を理解しやすい子どもがいることも事実です。保育者が繰り返し伝え、子どもが学んでいくこともあれば、環境にアプローチすることで、子どもが自信を持って活動できる姿につながることもあります。

　実際、C児の場合は、スケジュールを確認することの他に、クラスの子どもへ興味関心を持つことにもつながるよう（また保育者の真似は上手に行うことができることから）、お手本となる子どもの真似をしてみることを提案しました。お手本となる子どもと同じ行動ができれば、すぐに褒め、その繰り返しから、保育者に言われずとも、自分からその子を見て、真似をするよ

第2編

9　地域の子育て家庭に対する支援

10　障害のある子ども及びその家庭に対する支援

11　特別な配慮を要する子ども及びその家庭に対する支援

12　要保護児童等の家庭に対する支援

13　子ども虐待の予防と対応

14　多様なニーズを抱える子育て家庭の理解

終　子育て支援のまとめと展望

うになっていきました。さらに、異年齢保育もC児にとっては、有意義な時間でした。たくさんのお手本だけでなく、真似を行うことで、今度はC児が下の年齢の子どもたちのお手本となり、自信を深めていく機会になりました。

　子育てにおいて、保育者と保護者が情報を共有し、意見交換を行う中で、同じ子どもの姿、同じ目標を持つことが望ましいといえます。この事例では、トイレトレーニングの問題も含めて、保育者がC児の姿から察知する危機感を保護者と共有することが求められましたが、どんなに保育者がC児のことを思い、さまざまな取り組みを行っても、保護者や家庭と連携ができていなければ、伝わるものも伝わりません。本事例の保育者も送迎時、連絡帳、電話等、保護者とつながるツールを活用し、保育者の思いを伝えましたが、家でのC児の姿が勝り、すれ違いが解消されることはありませんでした。そこで、保育者間で相談し、実際に保護者に保育所へ来てもらい、隠れてC児の姿を見てもらうことを提案しました。C児の保育所での姿に保護者はとても驚いていましたが、保育者と同じ危機感を共有することができ、C児のこれからを考えるうえで、何を大切にすべきか、話し合う機会を多く持つようになりました。このように、保育者は、保護者と、子どもの姿、お互いの意見や思いを共有する方法を模索していく必要があるといえます。

参考文献

・市川奈緒子『気になる子の本当の発達支援　新版』風鳴舎　2017年
・上原文『あなたのクラスの気になるあの子―要配慮児への適切なアプローチ』鈴木出版　2010年
・篠山大明『児童精神科医が語る　あらためてきちんと知りたい発達障害』慶應義塾大学出版会　2023年
・杉山崇『心理学でわかる発達障害「グレーゾーン」の子の保育』誠信書房　2019年
・成田奈緒子『「発達障害」と間違われる子どもたち』青春出版社　2023年
・本田秀夫『発達障害がよくわかる本』講談社　2018年

第12章

要保護児童等の家庭に対する支援

第1節　要保護児童と要保護児童対策地域協議会

1 —— 要保護児童とは

　保育所をはじめ、幼稚園・学校など、日々子どもが家庭から通う場においては、子ども自身や家庭に関するさまざまな課題や問題が発見されることがあります。こうした課題や問題の中で、例えば、子ども自身の基本的生活習慣の不安定さ、精神的な不安定さ、障害の疑い、疾病の疑いなどが見られる場合においては、それらが子ども自身に起因するのではなく、保護者の不和、生活困窮、ネグレクト、身体的虐待や心理的虐待、保護者自身の精神疾患や障害など、家庭の問題や課題がその背景に潜んでいる場合もしばしば見られます。このような、子どもが健康で安全に育つにあたり、不適当な環境や不適切な関わりが見られる場合は、「子どもの最善の利益」を保障するにふさわしい環境かどうかを見極め、支援を行う必要が出てきます。

　児童福祉法第6条の3第8項では、保護者のない児童または保護者に監護させることが不適当と認められる児童を「要保護児童」とし、同法第25条で「要保護児童を発見した者は、これを市町村、都道府県の設置する福祉事務所若しくは児童相談所又は児童委員を介して市町村、都道府県の設置する福祉事務所若しくは児童相談所に通告しなければならない」と示されています。

　また、児童福祉法第6条の3第5項では、「要保護児童」と同様に支援が必要な対象として、「要支援児童」（保護者の養育を支援することが特に必要と認められる児童）、「特定妊婦」[1]（出産後の子どもの養育について、出産前において支援を行うことが特に必要と認められる妊婦）も示されており、その対象となった場合には、必要に応じて養育に関する支援が行われます。

★1
具体的には、飛び込み出産、若年出産、すでにきょうだいが要保護児童・要支援児童である、妊婦の心身の不調、望まない妊娠などの状況にあり、出産前から出産後も継続して支援を必要とする妊婦のことです。

第2編

9
地域の子育て家庭に
対する支援

10
障害のある子ども及び
その家庭に対する支援

11
特別な配慮を要する子ども
及びその家庭に対する支援

12
要保護児童等の家庭に
対する支援

13
子ども虐待の予防と
対応

14
多様なニーズを抱える
子育て家庭の理解と

終
子育て支援のまとめと
展望

2 —— 要保護児童対策地域協議会とは

　要保護児童対策地域協議会（略して「要対協」ともいわれます）は、虐待を受けた子どもをはじめとする要保護児童等に関する情報の交換、支援方針を関係機関同士で協議する場をいいます（図 12 − 1）。現在、ほぼ全ての市町村に設置され、子どもを守る地域ネットワークとして機能しています。要保護児童対策地域協議会の目的は、以下の5点にまとめられます（表 12 − 1）。

　児童福祉法第 25 条の 2 第 1 項では、「地方公共団体は、単独で又は共同して、要保護児童の適切な保護又は要支援児童若しくは特定妊婦への適切な支援を図るため、関係機関、関係団体及び児童の福祉に関連する職務に従事する者その他の関係者により構成される要保護児童対策地域協議会を置くように努めなければならない」と示されています。

　また、保育所保育指針においても、「保護者に不適切な養育等が疑われる場合には、市町村や関係機関と連携し、要保護児童対策地域協議会で検討す

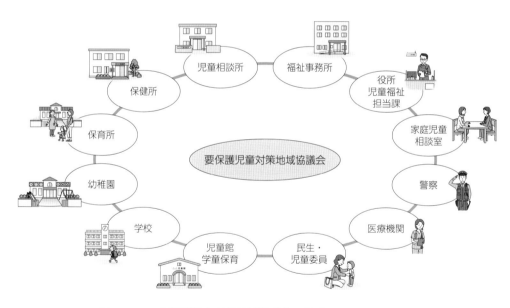

図 12 − 1　要保護児童対策地域協議会を構成する主な関係機関

表 12 − 1　要保護児童対策地域協議会の目的

① 要保護児童、要支援児童、特定妊婦の早期発見
② 関係機関同士での情報共有、それぞれの役割分担の明確化
③ 迅速な支援の開始
④ 役割分担を通じ、各機関が責任を持って関わることのできる体制構築
⑤ 各機関の役割や限界の理解

出典：こども家庭庁ホームページをもとに作成

★2
保育所保育指針第4章-2-(3)-イ。

るなど適切な対応を図ること。また、虐待が疑われる場合には、速やかに市町村又は児童相談所に通告し、適切な対応を図ること」★2とあり、保育所だけでなく、さまざまな機関と連携して、対応を行っていく必要があることが分かります。

3 ── 保育所の特性を生かし、地域と連携をしながら進める支援

★3
保育所保育指針第4章-1-(2)-ア。

　保育所保育指針では、「保護者に対する子育て支援における地域の関係機関等との連携及び協働を図り、保育所全体の体制構築に努めること」★3と示されています。保護者に対する子育て支援を適切に行うためには、保育所の機能や専門性を十分に生かすことが求められます。

　保育所には各家庭から日々子どもたちが通っており、子どもや家庭の様子を把握し、その変化に敏感に気付き、課題等を発見することのできる特性があります。また、多様化する社会背景や家庭背景の中では、さまざまな課題や問題を抱える家庭も少なくありません。そのため、個別の支援や専門的な支援の必要性があると判断した際には、他機関にその状況を伝え、より個別的で専門的な支援へとつなげることもできます。つまり、保育所は「子育て支援の窓口」、そして「予防的支援の場」としての機能を有しています。

　また、要保護児童、要支援児童、特定妊婦などに該当する場合については、保育所自らの役割や専門性の範囲に加え、関係する他機関および関係者の役割や機能、専門性を生かしてチームで支援を行っていきます。その際は保育所のみで課題や問題を抱え込むことなく、その状況において必要となるさまざまな社会資源を活用しながら支援を行うことが求められます。

ワーク
1

保育現場で、保育者が支援のニーズに気付く、または発見し得る場面とはどのようなときでしょうか。具体的に挙げてみましょう。

第2編

9 地域の子育て家庭に対する支援

10 障害のある子ども及びその家庭に対する支援

11 特別な配慮を要する子ども及びその家庭に対する支援

12 要保護児童等の家庭に対する支援

13 子ども虐待の予防と対応

14 多様なニーズを抱える子育て家庭の理解

終 子育て支援のまとめと展望

第2節　子育て支援の実際

　ここからは事例を通して、要保護児童等の家庭に対する支援について学んでいきます。2つの具体的な事例を通して、保育者・保育所等の役割、関係機関との連携の様子、支援のプロセスについて考えていきましょう。

事例　あの子は自分の名前だけが言えないんです

○E家のプロフィール
A児（5歳・男児）、B児（2歳・女児）、C児（0歳・男児）、母親（26歳）、祖父（母にとっては義理の父）、父親（行方不明）
備考：3人の子どもたちはこれまで保育所等を利用したことはない。

事例1−①

　E家の3人のきょうだいは、母親と祖父の5人で、6畳一間の父方の祖父の家で暮らしています。元々きょうだいと父母の5人で別の家に居住、転居を繰り返していましたが、父親がある日を境に帰宅せず行方が分からなくなり、母子だけが残されました。母親は無職です。家賃が払えず生活費もままならないため、祖父の一人暮らしの家に4人で引っ越してきました。祖父は就労中です。祖父はきょうだいが保育所や幼稚園等に通っていないこと、そして小さな子どもとずっと同じ部屋にいることが苦痛に感じるようになったため、「保育所に入れよう」と、母親と3人のきょうだいとともに、市役所の入園相談担当課を訪ねました。

　市役所の入園相談担当課の職員が、保育所の「保育の必要性」について母親に尋ねましたが、母は就労していないため、就労要件での保育所の利用はできません。一方で、同席していた家庭児童相談員が母親と話す中で、話が通じにくい状況に疑問を持ちました。「お母さん、子どもたちの健診を受けたことはありますか」と尋ねると、「分からない」で終わってしまいます。祖父も含めていろいろと尋ね続けると、母は軽度の知的障害を持っていることが分かりました。保護者の障害・疾病は保育の必要性の認定の要件となるため、その後保育所の利用申請の手続きを進めました。

①この家庭のジェノグラムを書いてみましょう。
②保育所等の利用に関わる保育の必要性等の認定（教育・保育給付認定）について調べてみましょう。

事例1－②

　保育所の利用申請が認定され、3人のきょうだいは保育所に入園することとなりました。しかし次第に、登園時間が11時ごろになったり、欠席も目立つようになってきてしまいました。

　C児は、夕方に保育所で替えたオムツのまま翌朝登園してきます。そのため、登園時には排泄物でオムツがパンパンに膨らんでいます。オムツかぶれもなかなか治りません。A児とB児は、発語がなかなか見られません。集団生活が初めてであるため、B児は積極的に友だちと関わろうとしますが、思う通りにならないと友だちを噛んでしまうことがあります。A児はのんびりした性格でもあるため、自分から友だちに関わろうとする姿が見られず、保育者と1対1で関わってもらうことを楽しんでいます。2人とも給食はよく食べます。

　入園から1か月が経ったころ、欠席が連続して3日続きました。園長が母親の携帯電話に連絡をしても出ないため、E家を訪ねると、ゴミや飲食物の残り、布団や洗濯物などで乱雑な6畳一間の中に、3人のきょうだいが取り残されており、母親は不在でした。

　園長は、しばらく子どもたちと母親を待ちましたが、帰ってくる気配がありません。E家の鍵を開けたまま園に子どもたちを連れて行くわけにもいかず、そのまま福祉事務所の家庭児童相談室に電話を入れました。その後、家庭児童相談室の相談員もE家に駆けつけましたが、夕方近くになっても母親も祖父も帰ってきませんでした。相談員は同じ課の人たちと相談のうえ、警察に連絡を入れ、3人のきょうだいは保護者によるネグレクトとして保護されることとなりました。

第2編

9 地域の子育て家庭に対する支援

10 障害のある子ども及びその家庭に対する支援

11 特別な配慮を要する子ども及びその家庭に対する支援

12 要保護児童等の家庭に対する支援

13 子ども虐待の予防と対応

14 多様なニーズを抱える子育て家庭の理解

終 子育て支援のまとめと展望

ワーク 3

A児とB児の言語面と対人面について、一般的な5歳児や2歳児の発達の姿を目安に、それぞれの発達的な課題を整理してみましょう。

事例1－③

　その後、3人のきょうだいは、児童相談所の一時保護所にて一時保護となりました。児童相談所の判断として、母親の養育能力が十分でないこと、祖父も仕事をしながら3人の子どもの養育を行うことは難しく、養育環境として不十分であることから、3人は一時保護の後、施設入所の措置となりました。

　A児は児童養護施設へ、B児とC児は乳児院に入所しました。同時に、母親の軽度の知的障害についても、市役所の障害福祉課が関わり、福祉就労などの自立に向けた支援を行っていくこととなりました。

　なお、A児は児童相談所の一時保護所での行動観察においても、5歳児の一般的な発達の姿に比べ発語が少ないこと、理解が難しいことなどから、児童養護施設に措置された後、発達に関して医師の診察を受けることになりました。

　ある日、母親と児童相談所の児童福祉司はA児の面会に行きました。母親は、久々に会ったA児に「Aちゃん、ママ寂しいよ。ごめんね」と言いながらA児を抱きしめました。A児は少し照れながらも、久々の母の温もりにホッとした表情を見せました。

　その後、母親と児童福祉司、児童養護施設の職員の3人で面談を行い、A児の発達に関して、軽度の知的障害が見られると医師から診断を受けたことを母親に分かりやすく伝えました。すると母親は「あの子は自分の名前だけ言えないんです」と言いました。もちろん、A児は自分の名前以外の発語もほぼ見られないのですが、児童福祉司も施設職員も、その一言はA児をかばおうとする母親の思いやりであることを悟っていました。しかし、思いやりだけで子どもの養育を十分にできるわけではありません。児童相談所は母親の現在の養育能力を見極めると、しばらく子どもたちは施設入所をし、まずは母親の自立支援を行っていくという判断をしました。

　半年後、児童相談所は今後のE家の支援の方向性を探るために、要保護児童対策地域協議会を開催するよう家庭児童相談室に要請しました（表12－2）。また、今後の子どもたちの家庭復帰の可能性の検討も含め、E家の自立のためのプロセスとして、児童相談所は以下のことも視野に入れ

て関係機関を招集するよう依頼をしました。それは、母親と子どもたちとで母子生活支援施設に入所し、自立に向けた支援を受けること、日中、子どもたちは保育所に通うこと、Ａ児の障害に関する発達支援を児童発達支援センターで受けることなどです。

　子どもにとって適切な養育環境を保障するためにＥ家に関わっているそれぞれの機関が持つ情報を共有し、それぞれの役割を確認することができる要保護児童対策地域協議会は、支援のためには欠かすことができないものです。

表12 - 2　Ｅ家に関わる機関：要保護児童対策地域協議会の招集メンバー

機関名	役割
児童相談所	全情報をふまえた方針決定
福祉事務所（家庭児童相談室）	要対協の開催、情報の集約・統括
乳児院	Ｂ児・Ｃ児の状況報告
障害福祉課	母の就労支援
児童養護施設	Ａ児の状況報告
母子生活支援施設	Ｅ家の母子の自立支援
保育所	母子生活支援施設入所後や家庭復帰後の子どもたちの通園先となるため、Ｅ家に関する情報共有と状況把握
児童発達支援センター	Ａ児の発達支援

ワーク
4

母子生活支援施設から保育所へ通う子どもの担当保育者になった場合、子どもや保護者（本事例では母親）に対してどのような配慮が必要か考えてみましょう。

　本事例の母親はＡ児をかばおうとする思いやりを持ち、保護者として懸命にできることを行おうとする姿勢はありますが、児童相談所は、ネグレクトの状況であると判断しました。それは「子どもの最善の利益」が保障された成育環境とは言い難く、母親自身や子どもたちの養育に対して支援が必要な状況であったからです。

　保育における子育て支援では、下記の保育所保育指針解説「第４章子育て支援　保護者と連携して子どもの育ちを支える視点」にあるように、保育所

第2編

9 地域の子育て家庭に対する支援

10 障害のある子ども及びその家庭に対する支援

11 特別な配慮を要する子ども及びその家庭に対する支援

12 要保護児童等の家庭に対する支援

13 子ども虐待の予防と対応

14 多様なニーズを抱える子育て家庭の理解

終 子育て支援のまとめと展望

の特性を生かし、保護者と連携して子どもの育ちを支えることが求められるため、この事例のE家のようなケースにおいても、保護者の主体性や自己決定を尊重したくなってしまいます。しかし、不適切な養育等が疑われた場合には、同解説にて下記の通り、市町村をはじめとした関係機関との連携の下に、子どもの最善の利益を重視した支援が大切であるとも示されています。

保育所保育指針解説　第4章子育て支援　保護者と連携して子どもの育ちを支える視点
保護者に対する子育て支援に当たっては、保育士等が保護者と連携して子どもの育ちを支える視点をもって、子どもの育ちの姿とその意味を保護者に丁寧に伝え、子どもの育ちを保護者と共に喜び合うことを重視する。保護者の養育する姿勢や力の発揮を支えるためにも、保護者自身の主体性、自己決定を尊重することが基本となる。

保育所保育指針解説　第4章子育て支援　不適切な養育等が疑われた場合
保護者に不適切な養育等や虐待が疑われる場合には、保育所と保護者との間で子育てに関する意向や気持ちにずれや対立が生じうる恐れがあることに留意し、日頃から保護者との接触を十分に行い、保護者と子どもの関係に気を配り、市町村をはじめとした関係機関との連携の下に、子どもの最善の利益を重視して支援を行うことが大切である。そうすることで保護者の養育の姿勢に変化をもたらし、虐待の予防や養育の改善に寄与する可能性を広げることになる。

　園での子どもの障害、保護者の精神疾患、保護者の就労などの課題等への対応は、保育者の専門性だけでは不十分だったり、限界があります。そうした課題や問題に直面した際には、「これは私たちの専門外である」という適切な判断がまず必要とされます。判断の後には関係機関に協力を仰ぎ、関係機関との密接な連携と協働による対応を図ります。危機的な状況にあると判断された際は、関係機関が強制的に介入する場合もあります。適切な支援のためには、地域のさまざまな専門機関・専門職、地域の社会資源を把握し、ネットワークを形成しながら課題や問題にアプローチしていく姿勢が求められます。

事例　家庭を見守り、支援を行う保育所

○F家のプロフィール
D児（2歳・男児）、母親（32歳）、母親の交際相手（22歳）
備考：母はひとり親としてD児を育てている。D児は保育所等を利用していない。

事例2－①

　母親は、夜間に飲食業で働いており、その間は母親の交際相手がD児の面倒を見ています。母親が朝方に仕事から帰宅した後の日中は、D児は母親と過ごしています。

　母親は双極性障害（躁うつ）があり、活動的になる躁状態と、気分が落ち込むうつ状態を繰り返しています。通院し、服薬をしていますが、うつ状態になると起床することも難しく寝たきりになってしまい、仕事も長続きせず、転職を繰り返しています。

　ある日の夕方、D児は自分のアパートの前にある公園へ一人で歩いて遊びに行ってしまいました。夕方に見慣れない子どもが裸足で一人遊んでいる様子を見かけた近所のSさんが、「ボクは何歳？」「ボクのママはどこ？」と尋ねますが、D児は困った顔でいるばかりです。そこで、心配になったSさんが警察に電話をしました。

　警察官がSさんに事情を聴いていると、眠りから覚めたD児の母親が、身なりが乱れたまま眠気まなこで「D！　勝手に出かけるな！」と外に出てきました。警察官が母親に事情を尋ねますが、母親はろれつが回っていません。その後、警察官が母親とD児を自宅に送り届けたときに母親の交際相手がちょうどやってきたので、事情を話したうえで、その日は交際相手に母親とD児の様子を見守ってもらうこととなりました。

あなたがSの立場であったら、D児に言葉をかける他、D児のどのような面を確認しますか。保育所等での登園時の健康観察場面を参考に考えてみましょう。

事例2－②

　警察官は、すぐに市の福祉事務所にF家の状況について連絡を入れました。そして、家庭児童相談室の担当者が、母親の様子について保健所に、

第2編

9 地域の子育て家庭に対する支援

10 障害のある子ども及びその家庭に対する支援

11 特別な配慮を要する子ども及びその家庭に対する支援

12 要保護児童等の家庭に対する支援

13 子ども虐待の予防と対応

14 多様なニーズを抱える子育て家庭の理解

終 子育て支援のまとめと展望

母子の様子を児童相談所に問い合わせると、1歳6か月健診の際に、母親の不安定さが気になる点であったことを保健所の保健師から聞きました。後日、保健師が家庭訪問をした際には、母子ともに落ち着いていた様子であったため、その際は連絡先を伝え、ケースは終結したとのことでした。一方、児童相談所には、これまで相談履歴はなかったとのことでした。

家庭児童相談室の担当者が保健所に問い合わせた翌日、保健師がF家を訪問すると、母親は体調を崩し、昼間は寝たきりになっていました。家庭児童相談室の担当者は、D児の養育の状況が不安定な状況であったため、要保護児童対策地域協議会を開催し、F家の支援について関係する機関同士でそれぞれの情報共有と役割を確認することとしました（表12−3）。

表12−3　F家に関わる機関：要保護児童対策地域協議会の招集メンバー

機関名	役割
福祉事務所（家庭児童相談室）	要対協の開催、情報の集約・統括
警察	D児が保護されたときの状況報告
母親のかかりつけ医（医師）	母親の病状報告・治療方針
保健所	母親の精神疾患のフォロー 障害者総合支援法による障害福祉サービスの利用支援（家事支援やD児の保育所への送迎など）
福祉事務所（生活保護担当）	生活保護[★4]の受給手続き
保育所	D児の日中の保育の実施、D児や母親の日々の状況の把握と報告

協議の結果、まず何より、母親の病状の回復のための治療を最優先し、保健所が支援をしながら定期的に通院すること、D児の日中の保育は保育所で行うこととなりました。また、母親の就労は現状では難しいため、生活保護を受給することとなりました。

要保護児童対策地域協議会の招集メンバーには守秘義務があります。協議会における守秘義務について調べてみましょう。そして、この事例で保育者はどのようにすべきか具体的に意見を述べてみましょう。

★4　生活保護
生活保護法により日本国憲法が定める「健康で文化的な最低限度の生活」を保障するとともに、自立を助長するために、世帯収入が国の定める保護基準に満たない場合に保護を受けることができます。保護の種類は、①生活扶助、②教育扶助、③住宅扶助、④医療扶助、⑤介護扶助、⑥出産扶助、⑦生業扶助、⑧葬祭扶助の8つです。

事例2−③

　疾患を抱えながらの就労の不安が生活保護の受給によって軽減され、母親も自身の疾患の治療に専念することができるようになりました。定期的に通院し、医師による診察の他、カウンセリングも受けています。投薬も体に合っているようで、症状も軽減されてきました。現在の母親の状況では、家事も負担となっているため、家事支援の福祉サービスの利用ができるよう、保健所では市役所の障害福祉課と連携を図りながら手続きをしました。

　保育所では、こうしたF家への他機関の支援の状況を把握し、D児の保育を担っています。保育所では、D児に遊びや生活を通した支援、そして日々の送迎時に母親の様子を確認し、定期的に福祉事務所に報告する「見守り」が役割とされています。D児は同年代の子どもたちと思い切り遊び、充実した日々を過ごしています。ただし、母親の体調がすぐれないときには、登園が11時ごろになってしまうことがあったり、忘れ物が増えたり、着替えが洗濯されていないことがあります。そうしたことがある日においても、なかった日においても、日々の様子を見守り、園長や主任・担任は必ず記録をとるとともに、園長は家庭児童相談室の担当者へ報告を入れています。

　1か月後の要保護児童対策地域協議会では、こうした状況が報告され、朝の保育所への送りは、送迎支援の福祉サービスを利用することになりました。ただし、保育所への迎えについては、母親の様子を日々保育所で把握してもらう意図もあり（この意図は母には伝えず）、母親にしてもらうことにしました。

　最後に、園での「見守り」の役割を確認しておきましょう。筆者は児童相談所のケース記録から児童相談所と幼稚園・保育所等の連携状況について分析を行いました[1]。「見守り」はマジックワード化しやすく、児童相談所・園双方で、何を意図して見守りを依頼し／依頼されているかが「見守り」という言葉によって曖昧になり、齟齬が起きやすい場面でもあります。そして、その齟齬は子どもや家庭の危機的な状況を招いてしまう可能性もあります。児童相談所と園との見守りにおいては、以下の情報が共有されることが多く確認されます（表12−4）。園が見守りを依頼された際、その内容を明確に把握する必要があります。

　現状の把握のために必要な「見守り」は、その後の目標になり得る「自立」につながることが期待されます。困難を抱えた家族を支援することは、児童福祉施設である保育所における子育て支援の一つです。その際、F家の事例

第2編

9 地域の子育て家庭に対する支援

10 障害のある子ども及びその家庭に対する支援

11 特別な配慮を要する子ども及びその家庭に対する支援

12 要保護児童等の家庭に対する支援

13 子ども虐待の予防と対応

14 多様なニーズを抱える子育て家庭の理解

終 子育て支援のまとめと展望

表12－4　児童相談所と幼稚園・保育所等が見守りの際に共有している情報

保護者について	子どもについて
欠席させている日数 欠席連絡の有無 保育者と保護者との関係性・対応方法 行事への参加 家族構成・メンバーの出入りの変化 家事能力 保護者の体調 保護者の表情 保護者の服装・化粧	子どもの発達状況（身体・言語・認知） 生活習慣（食事・入浴・歯磨きなど） おむつ交換の頻度 身体の傷・あざ 身体や服の汚れ 忘れ物

出典：坪井瞳「幼稚園・保育所等との連携の様相：「見守り」における困難と課題」遠藤久夫・野田正人・藤間公太監修、国立社会保障・人口問題研究所編『児童相談所の役割と課題：ケース記録から読み解く支援・連携・協働』東京大学出版会　2020年　p.124

のような園外の関係機関の連携はもちろん、園内での職員同士の連携が欠かせません。そして、子どもや家庭にとって園が安心・安全で豊かな遊びと育ちの場となり、「自立」につながりやすい居場所となることを目指すことも必要です。保育者は、「子どもの最善の利益」の保障のために、目の前の子どもや家庭に対する理解と、自立に向けた伴走をするという意識を持ち、他機関との連携を進めていくことが大切です。

Column

「自立」とは

　「『自立』とは、依存をしなくなることだと思われがちです。しかし、そうではありません。『依存先を増やしていくこと』こそが、自立なのです。これは障害の有無にかかわらず、すべての人に通じる普遍的なことだと、私は思います」と医師の熊谷晋一郎は言います。熊谷は、新生児仮死の後遺症で脳性麻痺となり、子どものころから車椅子での生活を送っています。

　熊谷は、現在に至るまで、他者の援助がなければ日常生活を送ることができません。大学進学での上京を機に、他者からの援助を受けながら、一人暮らし生活をスタートしたそうです。それまでは依存できる先は親だけであり、そのため、「親を失えば生きていけないのでは」という不安が払拭できなかったそうです。しかし、一人暮らしの機会を通して、友だちや社会など、依存できる先を増やしていけば「自分は生きていける」「自立できるんだ」ということが分かり、生きる希望と自分への信頼を見いだしたそうです。

あなたは、自立のためにどのような依存先をもっていますか。また、どのように その人や場に助けられていますか。自分のエピソードを書き出してみましょう。

引用文献

1）坪井瞳「幼稚園・保育所等との連携の様相：「見守り」における困難と課題」遠藤久夫・野田正人・藤間公太監修、国立社会保障・人口問題研究所編『児童相談所の役割と課題：ケース記録から読み解く支援・連携・協働』東京大学出版会　2020 年

参考文献

・熊谷晋一郎『当事者研究—等身大の〈わたし〉の発見と回復—』岩波書店　2020 年
・山縣文治『保育者のための子ども虐待 Q&A —予防のために知っておきたいこと—』みらい　2021 年
・文部科学省「学校・教育委員会等向け虐待対応の手引き（令和 2 年 6 月改訂版)」2020 年

第2編

9 地域の子育て家庭に対する支援

10 障害のある子ども及びその家庭に対する支援

11 特別な配慮を要する子ども及びその家庭に対する支援

12 要保護児童等の家庭に対する支援

13 子ども虐待の予防と対応

14 多様なニーズを抱える子育て家庭の理解

終 子育て支援のまとめと展望

第13章

子ども虐待の予防と対応

 ## 第1節　子ども虐待とは

1 ── 子ども虐待の定義と虐待による子どもへの影響

（1）児童虐待防止法

①子ども虐待の定義

　児童虐待防止法（正式名称：児童虐待の防止等に関する法律）では、この法律の目的を、子ども虐待の禁止、虐待予防と早期発見、国及び地方公共団体の責務や虐待防止等に関する施策を促進し、子どもの権利を擁護することとしています。

　この法律の第2条では、子ども虐待を、保護者の子どもに対する表13－1のような行為としています。

表13－1　子ども虐待の分類

身体的虐待	子どもの身体に外傷が生じ、または生じるおそれのある暴行を加えること。
性的虐待	子どもの身体にわいせつな行為をすること、または子どもにわいせつな行為をさせること。
ネグレクト	子どもの心身の正常な発達を妨げるような著しい減食または長時間の放置をすることや、保護者以外の同居人による虐待行為を放置すること。
心理的虐待	子どもに対する著しい暴言または著しく拒絶的な対応すること。子どものいる家庭内で夫婦間暴力があり、心身に有害な影響を及ぼすこと。その他、子どもに著しい心理的外傷を与える言動を行うこと。

②早期発見と予防

　児童虐待防止法では、子どもの福祉に関係する団体や学校、職務上関係する者は、子ども虐待の早期発見に努めることとしています。そして、虐待を受けたと思われる子どもを発見した場合、速やかに、市町村、福祉事務所、

児童相談所等に通告しなければなりません。これについては守秘義務違反にはなりません。つまり保育者は、保育の場で常に子どもと関わるため、虐待の予防と早期発見について重要な役割を担っているのです。

子ども虐待について、どのようなイメージを持っていますか。自分のイメージとその理由を考えてみましょう。

（2）子ども虐待による子どもへの影響

先の4種類の虐待については、明確な線引きができるわけではなく、複合して起きています。身体的虐待、性的虐待、心理的虐待については、子どもに対して「してはいけない不適切な行為」であり、ネグレクトは、世話をしない、治療を受けさせないなど、「必要なことをしないこと」です。

虐待は子どもに表13－2にあるような深刻な影響を与えます。

表13－2　子ども虐待による子どもへの影響

身体への影響	けがや内出血、骨折、火傷などは、衣服を脱いだ際に外から見えやすいため、気付きやすいでしょう。頭部の内出血や溺れさせるなどにより、障害を負うこともあります。また、暴力行為による愛情遮断によって、発育不全が見られることもあります。
知的発達への影響	身体的虐待の後遺症やネグレクトによる愛着形成不全から、知的発達が妨げられ、知的障害につながることがあります。
人格形成への影響	自分が大切にされているという実感が持てないまま育つため、自尊心が育たず、自己否定をしたり自暴自棄になったりします。思春期のころになると、自傷行為や自殺未遂などの行動につながることもあります。少し注意したり叱責したりしただけでもフラッシュバックを起こしてパニックになり、興奮したり、暴れたりします。一方で、無感動、無反応で、ぼーっとしているなどの精神症状が見られる子どももいます。
行動への影響	不安や孤独、怒りなどをさまざまな行動で表します。具体的には、集中力がない、落ち着きがない、衝動的な行動をとるといったことにつながります。保育所では、家に帰りたがらないこともあります。成長すると、家出を繰り返したり、万引きを行ったりするなどの非行に走ることもあります。また、過度な性的興味を持つこともあります。

❷ ── 子ども虐待の背景

虐待の背景にはさまざまな要因が複数絡み合っており、虐待のリスクがあってもすぐに虐待につながるわけではありません。支援が必要でありながら適切な支援がされない結果、虐待に結び付いてしまいます。虐待を防ぐた

第2編

9 地域の子育て家庭に対する支援

10 障害のある子ども及びその家庭に対する支援

11 特別な配慮を要する子ども及びその家庭に対する支援

12 要保護児童等の家庭に対する支援

13 子ども虐待の予防と対応

14 多様なニーズを抱える子育て家庭の理解

終 展望一子育て支援のまとめと

表13 - 3　虐待を引き起こす要因

保護者の要因	次のようなことが挙げられます。 ・保護者が未熟であったり知識不足があったりし、子育てがうまくできない。 ・保護者自身に被虐待体験がある。 ・産後うつによる精神不安定や精神障害、知的障害等の障害がある。 ・薬物やアルコール依存などがある。 ・体罰を容認するなど、暴力的な傾向がある。 ・特異な育児観があり、子どもの発達を無視した過度な要求がある。
子どもの要因	次のようなことから、育てにくさがあることが挙げられます。 ・未熟児で生まれたことによる育てにくさがある。 ・夜泣きやかんしゃく持ち、こだわりが強い。 ・病気を抱えていたり虚弱であり、世話が大変である。 ・障害がある。
家族を取り巻く要因	次のような社会的な情勢や家庭が抱える困難などが要因となり、虐待を引き起こすことがあります。 ・核家族化により、育児に関して周囲に相談できる人がいない。 ・近隣社会と交流を持たず、孤立している。 ・家庭内でDVがある。 ・不景気や失業などにより、経済的な不安がある。

めには、予防的関わりが重要です。そのためには、表13 - 3に示す虐待の要因をふまえた対応が求められます。

ワーク2

子ども虐待の背景を知ることは、保育者としてどのような意味があると考えますか。

第2節　子ども虐待における保育現場の役割

1 —— 予防と早期発見

（1）虐待の予防

　保育の現場では毎日子どもの体調チェックを行いますが、マンネリ化せず、日々よく確認することで、何らかの変化に気付くことができます。また、着替えやおむつ替え、排せつや食事の場面などで、子どもの心身の状態をよく

観察することが大切です。目に見える部分だけでなく、言葉づかいや表情、態度などにも注意しましょう。日々の関わりの中で小さなサイン、小さな変化に気付くことが、虐待予防につながります。

次の事例を読んであなたが保育者なら保護者にどのような声かけをするか考えてみましょう。

事例：気になる保護者

　子ども（A児）をお迎えに来た保護者は、先週から表情が乏しく、とても疲れているように見えます。また、A児に対して話しかけることもなく無言で帰っていくため、保育者が声をかけにくい雰囲気があります。

　登園降園時に保護者の様子にも気を配る必要があります。「何か悩みを抱えていそう」「体調がすぐれない様子がある」「いつもと何か違う」などといった様子に気付いたら、特に意識して声かけをします。保護者に悩みがあるのであれば、聴くことだけでも支援になります。保護者の気持ちに寄り添い受け止めて聴くことで、抱えている悩みが軽くなることもあります。保護者を責めたり、保育者が一方的に助言・指導したりするのではなく、まずは気持ちに寄り添う関わりをし、保護者とともに子どもを守り育てる姿勢が虐待を防ぐことになります。

　虐待予防には、一次的な予防としての発生予防対策、二次的な予防として早期発見と早期対応による深刻化する前段階での予防があります。さらに、虐待を再発させないという三次的な予防があり、それぞれの予防が大切です。保育所等では、虐待の発生予防に努め、深刻化しないための早期発見と早期対応、再発防止が求められます。

　また、日ごろから保護者と信頼関係を築くことは、虐待予防においても大切です。明るく元気な挨拶から始まり、園での子どもの様子を伝える中で保護者のニーズをつかみ、悩みごとを言いやすい関係を築きます。子育ての相談に気軽に応じることが虐待を防ぐことにつながります。日ごろの保育を充実させること、保護者と良好なコミュニケーションを図ること、子どもが保育者を好きであることが信頼関係の土台となります。

第2編

9 地域の子育て家庭に対する支援

10 障害のある子ども及びその家庭に対する支援

11 特別な配慮を要する子ども及びその家庭に対する支援

12 要保護児童等の家庭に対する支援

13 子ども虐待の予防と対応

14 多様なニーズを抱える子育て家庭の理解

終 子育て支援のまとめと展望

（2）虐待の発見と対応

　身体的虐待は目に見える傷やあざなどから発見しやすい一方で、ネグレクトや心理的虐待は判断に迷うことが多いものです。また、緊急性がないものの、保護者の養育に不適切さが見られる場合や、子育てへの助言をしながら関わってもなかなか改善されないこともあります。こうした場合、親子関係を観察しながら、連続した長期的支援を通して改善を図ることもあります。さらに、保育者により得ている情報が異なることもあります。そのため、保育をする中で違和感があれば、園内で共有し、連携して子どもへの影響を見極めていくことになります。

　また、保護者が保育者を避け、支援を受け入れないこともありますが、複数の目で見守り、根気よく丁寧に関わる必要があります。保護者に合った方法で子どもとの関わり方について具体的な助言をしたり、行動の見本を示したりしていくことが求められます。

ワーク
4

次の事例を読んであなたが保育者なら保護者にどのような声かけをするか考えてみましょう。

事例：拒否的な保護者

　B児の母親はいつも不愛想で、保育者とも話をしたがらない雰囲気があります。また、登園時の準備物がいつもそろわず、園のものを貸しても返ってきません。B児に対しても登園時には声もかけずぶっきらぼうに保育者に引き渡し、降園時は無言でそそくさと手を引っ張って帰っていきます。B児親子は母子家庭で、生活は経済的な面で厳しい様子です。

ワーク 5

　虐待を早期に発見するためのチェックリストを作成してみましょう。
子どもや保護者の様子、家庭環境のどのようなことから虐待に気付けるで
しょうか。

子ども虐待の早期発見チェックリスト

子どもの様子	（例）不自然なけがをしている。
保護者の様子	（例）子どものけがについてつじつまが合わない説明をする。
家庭環境など	（例）経済的に不安定である。

❷ ── 保育所の体制

　園内で虐待に対する理解を深め、日々の保育で予防や対応に努めることが
求められます。そのために、園内外の研修を行うことも必要です。虐待の疑
いがある場合には、複数の保育者が情報を共有しながらケース会議を開き、
対応を検討します。

　子どもや保護者にワーク3で学んだようないつもとは違う様子があれば、
一人で抱え込まず複数で確認しながら、主任や園長を中心に園内でどう支援
するか、児童相談所や要保護児童対策地域協議会等の関係機関とどう連携す
るかを判断していきます。

❸ ── 関係機関との連携

　子ども虐待は、疑いの段階でも市町村や児童相談所へ通告する義務があり
ます。保育者個人もしくは保育所等で抱え込まず、組織間や専門職間で連携
して対応します。保育所では何ができるかを明確にし、地域の社会資源を活
用しながら子どもと保護者を支援します。他機関と連携をするためにも、保
育所内で情報共有ができる、風通しのよい職員関係であることが求められま
す。

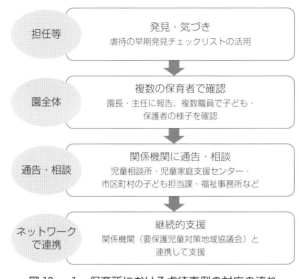

図13－1　保育所における虐待事例の対応の流れ

第2編

9　地域の子育て家庭に対する支援

10　障害のある子ども及びその家庭に対する支援

11　特別な配慮を要する子ども及びその家庭に対する支援

12　要保護児童等の家庭に対する支援

13　子ども虐待の予防と対応

14　多様なニーズを抱える子育て家庭の理解

終　子育て支援のまとめと展望

　市町村の関係機関や要保護児童対策地域協議会との連携においては、支援を行う関係機関同士でグループを形成し、ケース会議をすることで保育所の役割が明確になり、虐待対応において多角的で長期にわたる支援が可能になります（図13－1）。

第3節　子育て支援の実際

　ここからは事例を通して、子ども虐待における予防と対応について学びます。家族と子どもの基本情報をふまえ、どう関わればよいか考えてください。

事例　子どもがかわいく思えない

○本人等のプロフィール
C児（女児・1歳）
家族：父（45歳）、母（37歳）、D児（男児・2歳）
備考：C児は低体重児として生まれ、育てにくさがある。年子の育児が負担であるということで、C児が生後4か月から2人とも保育所の利用を始めている。

（1）子ども虐待の早期発見：気付く

事例１−①

　C児は低体重児として生まれたため養育するうえで配慮が必要で育てにくさがあり、C児とD児の２人の子どもの養育が負担となった母親は精神的に不安定になりました。父親が心配して保健センターに相談し、保健師が介入して、C児が生後４か月のころにC児とD児は保育所に入園しました。

　保育所では、離乳食指導や養育上のアドバイスをしながら、細やかな配慮をしてきました。入園してから、C児には表情が乏しい、保育者にべったりくっつきたがるなどの様子が見られました。D児も朝食を食べずに登園しているようで、給食やおやつを必死に食べる様子が気になりました。またD児には、C児ほどではありませんが、母親の顔色を気にするような素振りが見られました。

ワーク6

①この家族の中で懸念される虐待のリスクについて、挙げてみましょう。
②C児とD児の様子から、どのような親子関係が推測できるか考えてみましょう。

事例１−②

　C児については、生後６か月ごろに何度か腕や足につねられたようなあざが見られました。歩けない乳児としては不自然なけがであることから、降園時に担任が母親に声をかけましたが、その都度「ぶつけた」など整合性
のない返答がありました。そこで、保育者は虐待を想定して注意深く関わりを続けることにしました。また、D児の担任を通して、母親は朝も起きられず、D児に朝食を食べさせずに登園することが多いということもわかりました。担任は園長と主任には毎回報告しており、園としても今後の親子の様子について、配慮するケースであると考えていました。

　このころの母親は、登降園時に声をかけても会話もしたがらず、とても疲れている様子や精神的にも不安定な様子が見られました。降園時に、C

第2編

9
地域の子ども・家庭に
対する支援

10
障害のある子ども及び
その家庭に対する支援

11
特別な配慮を要する子ども
及びその家庭に対する支援

12
要保護児童等の家庭に
対する支援

13
子ども虐待の予防と
対応

14
多様なニーズを抱える
子育て家庭の理解

終
子育て支援のまとめと
展望

　児の担任と園長が声をかけ、「お子さんのことで気になることがあるので、一度面談を設定したいのですが、いかがでしょうか」と声をかけました。
　数日後に面談を行ったところ、「Cの方だけ、かわいく思えない」「泣きだすとイライラして口をふさいだり、つねったりしてしまう」「思うように2人の子どもの世話ができない」などの訴えがありました。

ワーク
7

①虐待の発見と対応について、園内でどのような体制が必要でしょうか。
②母親との面談時、どのようなことに留意すればよいでしょうか。

①園内における虐待の発見と対応

　この事例では、ネグレクトと身体的虐待を疑う状況があるため、園長・主任を中心とした情報共有が必要です。担任を中心に、関わる保育者や職員が小さな変化、虐待のサインを見逃さず、情報を集約する体制をとることが求められます。

　また、C児とD児に対する観察と関わりをより丁寧に行い、保育所で落ち着いて過ごせるようにすることや食事が十分にとれていない可能性があるため、離乳食や給食で補い対応をすることも必要です。

　母親に対しては、登降園時の挨拶とそのときの会話などに留意し、関わる保育者が共通意識を持って情報を集約し、記録していく必要があります。

②面談時の留意点

　母親が自身の気持ちを素直に話せるよう、受容しながら傾聴する姿勢で対応することが求められます。子どもへの虐待を責めることはせず、まずは「よく話してくださいましたね。お子さんをよく頑張って育ててこられましたね」など、母親として頑張っていることに対して、認める言葉をかけることが重要です。子どもとうまく関われていないことを責められていると感じれば、それ以上気持ちを表出することを止めてしまうため、母親の気持ちを受け止めながら、困りごとを話せるように導き、一緒に考えていく姿勢で面談をすることが必要です。

　また、母親が話したことについては、園長・主任などと園として支援するために共有をしていくが、守秘義務の観点から他には漏らさないことをきちんと伝え、園として母親と一緒に子育てしていけるようにしていきたいという意図を伝えることが大切になります。

（2）子ども虐待の対応：関わる

事例 1 －③

　面談時に母親の話を聞いていくと、母親は幼少期のころ、親（C児とD児の祖母）の期待が大きく、一生懸命に期待に沿うよう頑張り続け、いわゆる「できる子」であったとのことです。しかしその後、結婚して子どもを育てることになると、思うようにできない自分に直面し、気持ちがかき乱され、そのストレスがC児に向かっているとのことでした。

　母親は「虐待している」という意識があり、「もう二度と暴力はしない。子育てを頑張りたい」と言います。そのため園では、「できる限りのサポートをするので、困りごとや悩みは何でも話してほしい」と伝えました。

ワーク
8

面談で母親が自分の幼少期のころのことや子育てのつまずきを話せたのはなぜでしょう。保育者の関わり方から説明してみましょう。

①子どもへの関わり

　保育者は日々の保育をしながら、子どもをよく観察し、虐待が深刻化しないように留意します。子どもが話せる年齢であれば、けがやあざについて尋ねることができますが、親をかばって不自然な言い訳をすることもあります。子どもの話は否定せず受け止め、言動やけがについては記録しておきましょう。虐待の状況把握のために、写真も含めて記録することが重要です。

　家庭でつらい思いをしていることが推測されるため、保育の場では温かく、心が落ち着けるよう関わることが大切です。また、子どもが保育所等で安心して過ごせる環境になるよう努めるとともに、複数の職員が情報共有していくことも必要です。

②保護者への関わり

　保護者が抱えるつらさや悩みを受け止めながら、子育てについての助言をします。この事例のように、面談を通して子どもに対する気持ちを話せることが重要です。虐待をする親は悪い親と決め付けるのではなく、どうしたら

第2編

9 地域の子育て家庭に対する支援

10 障害のある子ども及びその家庭に対する支援

11 特別な配慮を要する子ども及びその家庭に対する支援

12 要保護児童等の家庭に対する支援

13 子ども虐待の予防と対応

14 多様なニーズを抱える子育て家庭の理解

終 子育て支援のまとめと展望

虐待をしない関わりができるようになるかを一緒に考えていくようにします。

　受容して話を聴くことで、抱えているつらさや状況を話してくれれば、支援の目的と内容が明確になります。相談しても最初から否定されたと感じれば、保護者が素直な気持ちを表出することができなくなり、結果として適切な支援ができなくなります。

　まずは取り組めそうなことから提案し、子どもとの関わりを改善できるよう支援することが必要です。

③園内の支援体制

　虐待について、保育者が一人で抱えてはいけません。担任は発見しやすい立場にいますが、必ず複数の職員の目で確認し、園長と主任を中心に園全体で情報共有して対応します。また、ケース会議を開き、支援計画を立てる必要があります。

事例１ー④

　面談後もＣ児には暴力によると思われるあざが見られたので、園長は虐待として児童相談所に通告することにしました。児童相談所の助言を得て、しばらくは保護者への指導と、園内で観察と支援を続けることにしました。

　２人の園児に関わる保育者が見守りをし、小さな変化も見逃さないように関わり、記録を書きました。また、ケース会議を開き、支援計画を立てて対応をすることにしました。

---

①園長がすぐに児童相談所等に通告したのはなぜだと思いますか。

②ケース会議ではどのような計画を立てるとよいでしょうか。

（3）子ども虐待と連携：つなぐ

①保育所と他機関の連携

　虐待と思われる事案を発見した場合には通告義務があります。実際には事例のように、保育の場面でけがを発見したり、保護者の関わり方から虐待を疑ったりしても、すぐに通告するかどうか難しい判断になることがあります。気になる事案は必ず記録し、よく観察し、園でできる関わりをしていきます。その結果、虐待を予防できることもあります。

虐待があった、または虐待が疑われると判断した場合は、児童相談所または市区町村の子ども家庭福祉の担当課などに通告します。そして、園の対応が困難な場合は、速やかに他機関と連携していくことが求められます。

> **事例1-⑤**
>
> 　しばらくして、C児が頭部に打撲したような腫れがある状態で登園してきました。母親は「Cが座っていたところに物が倒れて頭をぶつけた」と説明しましたが、その説明に不自然さがありました。園長はこれまでと異なり頭部のけがであることに危機感を感じました。このまま放置するとエスカレートするかもしないと判断し、児童相談所と連絡を取り合い、他の機関と連携することを決めました。市の子ども支援課にも経緯を報告したところ、市の担当者から管轄の児童家庭支援センター[★1]にも連絡が入り、連携して対応することになりました。そのうえで、児童家庭支援センターからは、次のようなアドバイスと今後の方針の提示がありました。
> ・要保護児童対策地域協議会にて、他の関係機関とも連携して支援していくとよい。
> ・すぐにこの家族に介入して、C児を一時保護するほどの緊急性はない。
> ・虐待の背景や対応の仕方について、保育所に対するアドバイスをしていく。
> ・保育所（園長・主任）、児童相談所、保健センター、子ども支援課、児童家庭支援センターでケース会議を開く必要がある。

★1　児童家庭支援センター
子ども、家庭、地域住民等からの相談に応じて、必要な助言、指導を行う機関です。また、児童相談所、児童福祉施設など、関係する機関の連絡調整も行い、地域の子育て支援や虐待対応をします。児童相談所を補完するものとして、児童福祉施設等に設置されています。

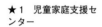
ワーク10

①要保護児童対策地域協議会について、どのような機関が関わっているか調べてみましょう。
②他機関連携の中で、保育所やそれぞれの機関はどのような役割を果たすことができるでしょうか。

②他機関連携と保育所の役割

　複数の機関や専門職が連携して関わる場合、それぞれの役割を明確にする必要があります。どの機関が中心的な役割を果たすか、各機関がどのような役割を果たすのかなど、連携するうえでケース会議を開き、支援計画を立てます。保育所では、日々の保育を通して日常的な関わりができるため、変化

第2編

9 地域の子育て家庭に対する支援

10 障害のある子ども及びその家庭に対する支援

11 特別な配慮を要する子ども及びその家庭に対する支援

12 要保護児童等の家庭に対する支援

13 子ども虐待の予防と対応

14 多様なニーズを抱える子育て家庭の理解

終 子育て支援のまとめと展望

に気付き、継続的な支援を行うことができます。園長・主任を中心として、園内支援体制を構築しながら、ネットワークを生かした支援を行います。

事例1−⑥

C児の支援にあたり、要保護児童対策地域協議会に属する、保育所、児童相談所、保健センター、児童家庭支援センター、子ども支援課でケース会議を行い、それぞれの立場でどのような関わりをするかを話し合い、支援計画を立てました。

保育所は、支援の中心として関わることとなりました。母親は、保健センターよりも児童家庭支援センターのカウンセリングを希望したため、定期的に通ってケアを受けました。その後、母親が自身の状態を客観的に理解できるようになり、子育て観も明らかになってきたため、カウンセリングは終了することになりました。

また、保育所は家族の状態を把握しながら、母親の育児負担を軽減するために父親への働きかけが必要だと考えました。父親にはまず園長と担任が面談を行い、母親を支え子育てに参加できないか助言していくことにしました。母親に対しては、育児の仕方を具体的にアドバイスし、同時に園での子どもの様子を丁寧に伝えたり見学してもらったりしました。そうするうちに、母親のC児に対する関わりにも変化が出てきて、親として向き合えるようになってきました。父親もできるだけ早く帰宅して子育てや家事をしたり、母親の話を聞いたりするなど、家庭内の環境にもよい変化が出てきました。保育所では引き続き、園長、主任、担任、関わる保育者や職員すべてが情報を共有し、ケース会議を定期的に開きながら支援を続けています。

ワーク11

①この事例の支援のポイントをまとめてみましょう。
②保育所のC児の担任は、今後どのようにC児親子と関わればよいか考えてみましょう。

あなたは保育所に併設されている子育て支援センターで地域の子育て支援をしている保育者です。あるとき、30代の母親から悩みを打ち明ける以下のような手紙を受けとりました。あなたならどのようなお返事を書きますか。

　直接相談に行くことができず、突然のお便りで失礼いたします。

　私は、1歳と3歳の男児を持つ専業主婦です。夫が転勤族で引っ越してきたばかりであるのと、実家も遠いため、周囲に親しい人はおりません。夫は仕事が忙しくて帰宅が遅く、疲れているので土日まで子育てを手伝ってほしいとは言えません。ほとんど一人で子どもたちの育児と家事をしています。

　上の子は幼稚園に入れており、昼過ぎには帰ってきます。とにかくやんちゃで、言うことをなかなか聞いてくれません。つらいのは、私が上の子に手をあげてしまうことです。育児書などを読んで関わり方を工夫してはいるのですが、赤ちゃん返りのような行動もあり、耐えられなくなります。カッとなったときは「いけない」と思い、一呼吸置いたり、子どもと離れたりするなど、努力はしています。しかし、我慢できずに叩いてしまうのです。そして、後悔するという繰り返しです。

　こんな親で、子どもに申し訳なく思います。毎日が孤独でどうしたらよいか分からずつらいです。楽しそうにしている親子を見ると無性に悲しく、ねたましく思ってしまいます。そういう自分がまた嫌になります。

　最近、目を離したすきに、上の子が下の子を叩いたりつねったりするようになり、私の育て方が悪いと責任を感じています。どうしたらよい母親になれるのでしょうか。何か助言をいただきたく、お便りしました。

参考文献

・大阪保育子育て人権情報研究センター『研究紀要No.1　子ども虐待　保育者の取り組み—予防・発見・対応—』2002年
・冨田久枝・杉原一昭編『改訂新版　保育カウンセリングへの招待』北大路書房　2016年
・秋田喜代美・馬場耕一郎監修、矢萩恭子編『保育士等キャリアアップ研修テキスト6　保護者支援・子育て支援　第2版』中央法規出版　2020年
・厚生労働省雇用均等・児童家庭局総務課『子ども虐待対応の手引き　平成25年8月改正版』2013年

第2編

9 地域の子育て家庭に対する支援

10 障害のある子ども及びその家庭に対する支援

11 特別な配慮を要する子ども及びその家庭に対する支援

12 要保護児童等の家庭に対する支援

13 子ども虐待の予防と対応

14 多様なニーズを抱える子育て家庭の理解

終 子育て支援のまとめと展望

第14章 多様なニーズを抱える子育て家庭の理解

第1節 保育者が対応する子育て家庭の「多様なニーズ」

1 —— 個別的支援が必要なニーズを抱える子育て家庭

ここでは、個別的支援が必要なニーズを抱える子育て家庭のうち、代表的なものを簡単に紹介します。なお、本節で紹介するもののほかにも、前章までで挙げられている障害のある子ども、特別な配慮を要する子ども、要保護児童などに加え、DV問題が発生している家庭、経済的な困難に直面している家庭、ひとり親家庭、ステップファミリー（再婚家庭）、里親家庭、養子縁組家庭なども個別的な支援が必要なニーズを抱えた家庭と捉えることができます。

（1）外国にルーツを持つ子どもとその家族

「外国にルーツを持つ子ども」と聞くと、みなさんはどのような家族（家族構成）の子どものことをイメージするでしょうか。一例として、咲間まり子は「本人が外国籍、両親のいずれかが外国籍、両親がともに外国籍、帰国子女等、言語文化背景が異なる子ども」[1]を「外国につながる子ども」としています。

出入国在留管理庁「在留外国人統計」によると、2023（令和5）年6月末現在の在留外国人数は322万3,858人で、国別にみると最も人数が多いのは中国、次いでベトナム、韓国、フィリピンの順となっています（表14 − 1）。0～4歳の在留外国人に限ってみると、総数は9万5,694人で、国別にみると最も人数が多いのは中国、次いでベトナム、ブラジルの順となっています（表14 − 2）。

また、2013（平成25）年末と2023（令和5）年6月末で比較すると、在留外国人数は117万4,735人の増加、0～4歳児に限ってみても2万7,752

表 14 − 1　在留外国人数（総数）

中国	ベトナム	韓国	フィリピン	ブラジル	ネパール	インドネシア
788,495 人	520,154 人	411,748 人	309,943 人	210,563 人	156,333 人	122,028 人

注 ：2023（令和 5）年 6 月末現在
出典：出入国在留管理庁「在留外国人統計」

表 14 − 2　在留外国人数（0〜5 歳）

中国	ベトナム	ブラジル	フィリピン	ネパール	韓国	インド
25,640 人	16,787 人	8,636 人	8,581 人	8,517 人	3,939 人	2,801 人

注 ：2023（令和 5）年 6 月末現在
出典：表 14 − 1 に同じ

人増加しています。

　さらに、厚生労働省「人口動態統計」から父母の国籍別出生数を見ると、2019（令和元）年以降は出生総数の約 4 %、つまり約 25 人に 1 人が両親または父親・母親のいずれかが外国籍の子どもとなっています。

　これらのことから、保育の場で外国にルーツを持つ子どもとその保護者と関わる機会はめずらしいものではなくなってきているといえます。

　外国にルーツを持つ子どもやその保護者の場合、言葉や生活文化の違いなどから、保育の場や地域社会においてさまざまな戸惑いや困難に直面することが予想されます。特に外国での生活が長く、日本語の習得や日本の文化への理解が十分でない場合などには、それが強く現われかねません。だからこそ、保育者は各家庭の状況をしっかりと捉えて支援を行う必要があります。

　ここで気を付けなければいけないことは、外国にルーツを持つ子どもとその保護者への支援が、「日本語や日本の文化を押しつける」形にならないように留意する必要があるということです。日本人（あなた）が海外で生活することになった際に、その国の文化を一方的に押し付けられたらどのように感じるでしょうか。「郷に入っては郷に従え」という言葉がありますが、子育て支援の場面においては避けるべき考え方であるといえます。

　「保育所保育指針」「幼稚園教育要領」「幼保連携型認定こども園教育・保育要領」の領域「環境」の内容の取扱いでは、「我が国の伝統的な遊びに親しんだり、異なる文化に触れる活動に親しんだりすることを通じて、社会とのつながりの意識や国際理解の意識の芽生えなどが養われるようにすること」と述べられています。つまり、全ての人がそれぞれのアイデンティティを尊重し合う「多文化共生社会」をつくり上げていくという意識を持つことが不可欠であり、さらにその前提として諸外国の文化などを積極的に理解しようとする姿勢が保育者には求められます。

第2編

9 地域の子育て家庭に対する支援

10 障害のある子ども及びその家庭に対する支援

11 特別な配慮を要する子ども及びその家庭に対する支援

12 要保護児童等の家庭に対する支援

13 子ども虐待の予防と対応

14 多様なニーズを抱える子育て家庭の理解

終 子育て支援のまとめと展望

ワーク 1

さまざまな国の生活文化の特徴について、以下の設問を考えてみましょう（例：食事や日常生活におけるマナーやルールなど）。

①あなたの家庭を例として、その生活文化の特徴について考えてみましょう。

②表14－1または14－2に挙げた国の中から1か国を選び、その国の生活文化を調べてみましょう。

（2）ひとり親家庭（母子世帯・父子世帯）

ここでは、「令和3年度全国ひとり親世帯等調査結果（令和3年11月1日現在）」を概観することを通して、ひとり親家庭が抱える支援ニーズを考えていきます。

まず、ひとり親家庭になった理由をみると、母子世帯では生別93.5％、死別5.3％、父子世帯では生別77.2％、死別21.3％となっています。生別の中には離婚のほかに未婚の母（父）や遺棄、行方不明などが含まれますが、母子世帯・父子世帯ともに離婚が大半を占めています。

また、ひとり親家庭になった時点での末子の年齢が0～5歳であった割合は、母子世帯では58.0％、父子世帯では37.6％となっています。この点からみても、保育の場においてひとり親家庭（母子世帯・父子世帯）の子どもとその保護者と出会う機会の多さが推測できます。

次に、ひとり親家庭が抱える困りごとをみてみると、親自身の困りごととしては「家計」が最も多いことが示されています。しかし、それ以外にも「自分の健康」「親族の健康・介護」なども比較的多くなっているほか、「家事」について困っている割合に母子家庭と父子家庭で大きな差があることが特徴的な点であるといえます（表14－3）。

また、子どもに関する困りごとをみてみると、0～4歳児の場合では母子

表14－3　ひとり親本人が最も困っていること

	住居	仕事	家計	家事	自分の健康	親族の健康・介護	その他
母子世帯	9.4%	14.2%	49.0%	3.0%	10.7%	6.7%	6.8%
父子世帯	4.7%	11.4%	38.2%	14.1%	11.8%	10.9%	8.9%

注　：2021（令和3）年11月1日現在

出典：厚生労働省「令和3年度全国ひとり親世帯等調査結果報告」

表14－4　ひとり親家庭の親が抱える子どもについての悩み

	しつけ	教育・進学	就職	非行・交友関係	健康	食事・栄養	衣服・身のまわり	結婚	障害	その他
母子世帯	24.0%	35.0%	0.6%	0.5%	6.6%	13.1%	1.3%	2.1%	4.6%	12.2%
父子世帯	29.2%	40.7%	0.0%	0.0%	5.4%	24.7%	0.0%	0.0%	0.0%	0.0%

注1：子どもが0〜4歳・最も困っていること
　2：2021（令和3）年11月1日現在
出典：表14－3に同じ

世帯・父子世帯とも「教育・進学」が最も多く、次いで「しつけ」「食事・栄養」「健康」となっています（表14－4）。

　そして、このような困りごとに関して「相談相手がいない」と回答したひとり親家庭は、母子世帯では21.9%、父子世帯では45.2%にのぼります。そのうち相談相手が欲しいと回答しているのは、母子世帯では58.1%、父子世帯では48.0%になります。

　「ひとり親家庭の生活問題」と聞くと、相対的貧困率の高さなどとも相まって、特に母子世帯に関しては経済的な側面に目が行きがちですが、子育てに関する悩みや親自身の健康に関する悩みもあるということを見逃してはなりません。その背景には、仕事と子育てを基本的に1人で担わなければならない状況（子どもと関わる時間の短さや、自分が倒れたら生活が立ち行かなくなるという心配）や、1日のうちに複数の仕事を掛け持ちするケース（身体的・精神的な負担感の強さ）などがあると考えられます。

　なお、ひとり親家庭といっても、親（子どもからみた祖父母）が同居または近居である場合には生活上のサポートが得られやすいことも考えられるため、ひとり親家庭になった後の世帯構成などによっても抱える困りごとには差が生じる可能性があります。そのため、各家庭の生活全体（家族構成、家計、仕事、子育て、親子双方の健康面など）を捉える視点を持って関わることが求められます。

（3）ワンオペ育児（仕事と子育ての両立問題）

　「ワンオペ」とは、「ワン・オペレーション」すなわち1人で役割を担う状況のことを指します。つまり、「ワンオペ育児」とは母親か父親のいずれか1人が子育てを担う状況にあるということです。

　前項で挙げたひとり親家庭の場合は、特にワンオペ育児の状態になりやすい[1]といえますが、両親のそろった家庭においても次のような理由からワンオペ育児の状態になることがあります。

★1
祖父母が同居・近居で生活上のサポートが得られやすいケースもあるため、ひとり親家庭のすべてがワンオペ育児の状態にあるとは言い切れません。

第2編

9 地域の子育て家庭に対する支援

10 障害のある子ども及びその家庭に対する支援

11 特別な配慮を要する子ども及びその家庭に対する支援

12 要保護児童等の家庭に対する支援

13 子ども虐待の予防と対応

14 多様なニーズを抱える子育て家庭の理解

終 子育て支援のまとめと展望

①配偶者（パートナー）が子育てに協力的でない
（特に男性側に昔ながらの性別役割分業の価値観が残っているケース）
②配偶者（パートナー）が仕事にしばられている
（早朝出勤、深夜帰宅、休日出勤など、子育てに関わる時間がとれない）
③配偶者（パートナー）と別居状態にある
（夫婦間トラブルに起因するもののほか、単身赴任も当てはまる）
④相談相手・頼れる相手がいない
（親、きょうだい、近隣住民など、配偶者（パートナー）以外の相談相手・頼れる相手がいない）

　ワンオペ育児の状態になると、子育てを担う側の心身には大きなストレスが生じます。まず考えられるのが、子育てを毎日1人で担うことによる精神面・身体面の疲労です。ここに仕事と子育ての両立という要素が加われば、心身の疲労はさらに増すことになるでしょう。次に考えられるのが、周りに相談相手やサポートをしてくれる人がいないことから生じる孤独感・孤立感です。特に専業主婦でワンオペ育児の状態となった場合には、「職場」という外部との関係がない分、より孤独感・孤立感が増す可能性があります。

　これらのストレスは子育ての負担感・不安感を高めることにもつながり、子育てノイローゼや子育てうつなどの要因ともなり得ます。

（4）保護者の側に障害や病気があるケース

　第10・11章で障害のある子どもや特別な配慮を要する子どもとその家族に対する支援について学習しましたが、保護者に障害があるケースも見逃すことはできません。障害があることにより子育てならびに日常生活に支障が生じている場合には、保育の場として支援すべきことは何かを検討し、実践していく必要があります。

　例えば、保護者に発達障害がある場合には、送迎時のやりとりにおいても言葉だけでなく視覚的な形での情報伝達に努めるなど、相手に合わせたコミュニケーションの取り方を工夫することが考えられます。

　なお、2024（令和6）年4月に2021（同3）年に改正された「障害を理由とする差別の解消の推進に関する法律（障害者差別解消法）」が施行されたことにより、これまでの行政機関等（国・地方公共団体など）に加え事業者にも合理的配慮[★2]の提供が義務付けられるようになりました。事業者というと一般企業（民間企業）というイメージを持つかもしれませんが、私立の幼稚園・認定こども園・児童福祉施設（保育所・児童養護施設・児童発達支援センターなど）も含まれます。保育の場における合理的配慮は、子どもだけでなくその家族なども対象となるため、同法の観点からも保護者に対する

★2　合理的配慮
障害者の権利に関する条約において、「合理的配慮」とは「障害者が他の者と平等を基礎として全ての人権及び基本的自由を享有し、又は行使することを確保するための必要かつ適当な変更及び調整であって、特定の場合において必要とされるものであり、かつ、均衡を失した又は過度の負担を課さないものをいう」と定義されています。

支援が不可欠なものとなるといえます。

　第12章でも学びましたが、障害と合わせて、病気を抱えた保護者に対する支援も重要なものです。特に慢性疾患やうつ病などの精神疾患、そしてパーソナリティー障害（人格障害）などは、子育てに長期間にわたって影響を及ぼす可能性があるため、その状況をしっかりと把握して適切な支援に結び付ける必要があります。

（5）祖父母との関わり（「孫育て」におけるトラブル）

　祖父母が子育てに関わること（いわゆる「孫育て」）は、祖父母にとっては生活におけるよい刺激や新たな生きがいになり、親の側にとってはワンオペ育児の回避など、子育ての孤立感・負担感やストレスの軽減につながります。そして、子どもの側からみても家族の愛情に気付き、家族を大切にしようとする気持ちを育む機会となります。これは、「保育所保育指針」「幼稚園教育要領」「幼保連携型認定こども園教育・保育要領」の領域「人間関係」の内容の取扱いで示されていることにもつながります[3]。

　しかし、その一方で親世代と祖父母世代での子育ての価値観や子育ての「常識」の違いから、「孫育て」においてトラブルが生じることがあります。例えば、「抱っこ」一つをとっても、現在は基本的信頼感や子どもの自己肯定感を育むものと考えられていますが、以前は「抱き癖がつく」と考えられたりもしていました。このような常識の違いが、親と祖父母双方にとっての新たなストレスになってしまうこともあります。

　このように、「孫育て」にはメリット・デメリットの両面がありますが、親世代と祖父母世代が互いの子育ての価値観を理解し合えるようにする、適切な形のパートナー関係を築けるようにするなどの支援を行うことによって、「孫育て」が子育てと子どもの育ちにとってプラスに作用するようにしていく必要があります。

★3
「高齢者をはじめ地域の人々などの自分の生活に関係の深いいろいろな人と触れ合い、自分の感情や意志を表現しながら共に楽しみ、共感し合う体験を通して、これらの人々などに親しみをもち、人と関わることの楽しさや人の役に立つ喜びを味わうことができるようにすること。また、生活を通して親や祖父母などの家族の愛情に気付き、家族を大切にしようとする気持ちが育つようにすること」と示されています。

ワーク2

現在の親世代と祖父母（曾祖父母）世代での子育ての価値観や子育ての「常識」の違いについて調べてみましょう。
※一部の市町村が発行している「祖父母手帳」見てみるとよいでしょう（Web上で閲覧できるものもあります）。

第2編

9 地域の子育て家庭に対する支援

10 障害のある子ども及びその家庭に対する支援

11 特別な配慮を要する子ども及びその家庭に対する支援

12 要保護児童等の家庭に対する支援

13 子ども虐待の予防と対応

14 多様なニーズを抱える子育て家庭の理解

終 子育て支援のまとめと展望

（6）ダブルケア

「ダブルケア」とは、「子育てと親（義親なども含む）の介護を同時に担う状態」のことをいいます。長寿化・高齢化、そして晩婚化・晩産化が進んでいることにより、近年ダブルケアを行う状況にある人が増加しているといわれています。

「育児と介護のダブルケアの実態に関する調査」によると、2012（平成24）年時点でダブルケアを行っている人は約 25 万 3,000 人で、そのうち約 3 分の 2（約 16 万 8,000 人）が女性となっています。また、年齢別にみると、男性・女性とも約 80％が 30 〜 40 代となっており、まさに子育て世代と重なる形です。

「ダブルケア」の在り方は、まさに家庭により異なります。子育てについては基本的に親子が同居する形で行うスタイルが一般的ですが、介護については同居・近居・遠居と居住パターンが多岐にわたりますし、介護を行う相手も実父母だけでなく義理の両親や、場合によっては祖父母（子どもからみた曾祖父母）となることもあるでしょう。子育てと介護の両立というだけでも身体的・精神的、そして時に経済的にも大きな負担となることは容易に想像できると思いますが、介護の対象が誰か、また介護を行う場所までの距離、そして仕事との両立の必要性の有無などが、「ダブルケア」を行う人にとっての負担感に大きな影響を与えるといえるでしょう。

2 ── 保育者として多様なニーズを抱える子育て家庭を支援する際の姿勢

保育者は子ども家庭福祉に関する専門職ですから、「保育所保育指針」にもある通り、子育て支援においては「保護者の状況に配慮するとともに、子どもの福祉が尊重されるよう努め、子どもの生活の連続性を考慮すること」が求められます。

つまり、子どもの育ちや子どもの生活、言い換えれば「子どもの最善の利益」を第一に考える存在である必要がありますが、その中で忘れてはならないのが「生活全体を捉える」視点です。子どもの生活には、保護者を中心とした家族の生活が強く結びついています。そして、家族・家庭の状況は一人一人、一軒一軒で異なるものです。だからこそ、個別的視点と広い視野を持って各家庭の状況を捉えることが重要なのです。

また、専門職として各家庭の状況を捉えるにあたって必要になるのが、自分自身の中にある人・モノ・文化などに対する価値観を客観的に理解してお

くこと、つまり自己覚知です。外国にルーツを持つ子どもとその家族やひとり親家庭などの状況を理解する際にも、自分自身の価値観から無意識のうちに「外国籍家庭の子どもは○○だ」「ひとり親家庭は△△だ」などのように半ば決めつけのような考えが浮かんでしまい、それが相手を理解する際に影響してしまうことがあります。自分の中にある"色眼鏡"（＝価値観）がどのようなものかをあらかじめ理解し、自分自身の価値観だけにしばられないようにすることが、各家庭の状況を客観的に理解する助けとなります。

前項で挙げた（1）〜（6）の家庭の状況について、あなたはどのようなイメージを持っていますか。抱える困りごとや生活の状況など、思うままに挙げてみましょう。

第**2**節　子育て支援の実際

　ここからは、事例を通して多様なニーズを抱える子育て家庭への支援について学びます。各家庭の状況に応じた支援の在り方や配慮事項について、「各家庭の生活全体を捉える」ことを意識しながら、具体的に考えてみましょう。

事例　文化の違いとコミュニケーションの難しさに直面して

○本人等のプロフィール
A児（1歳・男児）
家族：父（32歳）、母（30歳）、父方の祖母（57歳）との4人暮らし。
備考：父母・祖母とも中国内陸地方出身。1年前に一家で来日した。両親と祖母で中華料理店を営んでおり、A児は市内の保育所を利用することとなった。保育所への送り迎えは主に母親が担当する。父親は日本語を問題なく理解でき、母親は日常会話レベルの日本語であれば理解できるが、祖母はほとんど日本語を理解できない。A児は自宅では中国語を使用しており、日本語の理解は難しい状況である。

第2編

9 地域の子育て家庭に対する支援

10 障害のある子ども及びその家庭に対する支援

11 特別な配慮を要する子ども及びその家庭に対する支援

12 要保護児童等の家庭に対する支援

13 子ども虐待の予防と対応

14 多様なニーズを抱える子育て家庭の理解と子育て支援

終 子育て支援のまとめと展望

事例 1 － ①

入園式を終えて慣らし保育に入った 4 月初旬、母親と一緒に登園してきた A 児の服装を見て、担任の S 保育者は驚きました。A 児は、股割れズボン[★4]を着用しており、下着を着けていなかったのです。S 保育者は保育所に用意してあった予備の着替えと下着を急いで用意して、A 児に着替えてもらいました。

★4 股割れズボン
お尻の部分にスリットがあり、しゃがむとお尻が出て用が足せ、立ち上がれば閉じるようになっているズボン。

ワーク4

あなたが S 保育者の立場だったら、翌日以降の A 児の服装について保護者にどのようなお願いをしますか。中国の子どもの服装・文化についても調べたうえで、相手の文化にも寄り添ったセリフを考えてみましょう。

特に都市部ではみられるケースが少なくなってきましたが、中国では以前から子どもに股割れズボンをはかせることが多くあります。その背景には紙おむつの品質の問題などもあるといわれていますが、トイレトレーニングを早い段階で始められる効果があるほか、いつでもどこでもすぐに排泄ができるというメリットがあるとも考えられているなど、日本とは異なる文化的な要素も大きく影響しています。しかし、股割れパンツは局部が丸見えになる場合があるほか、床や遊具などに直接局部が触れることによる感染症罹患など、保健・衛生上の問題なども懸念されます。

このようなことから、普段の服装を見直してもらうことが必要になる可能性がありますが、子どもに対するトイレへの促しの頻度を高めるなど、服装の変化に伴って子どもへの対応にも配慮が必要になってきます。

事例 1 － ②

慣らし保育の 3 日目、仕事の都合で母親ではなく祖母が A 児を連れて登園してきました。この日の降園時間は 10 時半ですが、S 保育者がそれを口頭（日本語）で伝えても、祖母は首をかしげています。

そこで S 保育者は、メモ用紙に降園

（子どもが祖母と保育所を出る姿を保育者が見送る）場面のイラストを描き、そこに「10:30」と大きく書いて祖母に渡しました。すると祖母は「OK！OK！」と言い、実際にその時間にお迎えにきました。

事例1－③

　8月のある日、保育所がある市の周辺に翌日台風が直撃するという予報が出ていたため、近くを通る鉄道路線がすべて計画運休となり、そのため保育所も市の規程に基づき臨時休園となることが決まりました。

　S保育者は休暇をとっていたため、代理でN主任が翌日休園となることを母親に伝えることにしましたが、「明日、台風、保育園お休み」とジェスチャーを交えて話しても、母親は「明日、保育園お休みしません」と答えてきました。そこで、N主任は連絡帳に「明日（8月○日）、保育園、休み」と大きく書いたメモを挟んで手渡したうえで、A児の父親のお店に電話をかけ、父親にも口頭で臨時休園となる旨を伝えました。

ワーク
5

　事例1－②・③の場面において、祖母や母親に正しく情報（降園時間・臨時休園の情報）を伝えるために、その他に適切な方法はないか考えてみましょう。

　外国にルーツを持つ子どもとその家族との関わりにおいて、言葉の問題は時に大きな障壁となります。この事例のように、とっさに保育者がイラストやメモを書いて対応するというケースもありますが、登降園の忙しく限られた時間での対応としては、毎回同じことを行うのは難しいかもしれません。

　そこで、日常の保育で必要となりそうな情報を写真や絵カードで用意しておくことが一つの対応策として考えられます。写真や絵カードは、家族に対してだけではなく子ども本人への情報伝達にも活用できますし、音声での情報伝達・理解に困難を示すことがある発達障害のある人への対応にも応用することができるでしょう。

　また、複数の言語に対応するという意味からは、携帯型翻訳機や翻訳アプリの入ったスマートフォンなどを活用することも有効ですし、自治体によっては園として通訳の派遣を依頼することも検討できるでしょう。突発的な対応は難しいかもしれませんが、園内に同じ国・地域出身の子どもとその家族

第2編

9 地域の子育て家庭に対する支援

10 障害のある子ども及びその家庭に対する支援

11 特別な配慮を要する子ども及びその家庭に対する支援

12 要保護児童等の家庭に対する支援

13 子ども虐待の予防と対応

14 多様なニーズを抱える子育て家庭の理解と

終 子育て支援のまとめと展望

がいれば、負担とならない範囲でその方に通訳を依頼することも、保護者同士の関係づくりにつながる手段となるといえるでしょう。

そして、日常的なコミュニケーションが問題なくとれる相手であっても、非常時・緊急時の情報伝達がうまくいかないケースが想定されます。地震、台風、大雪などの自然災害や、近隣で事件・事故が発生した場合など、特に正しい情報発信とその理解が求められる場合における情報伝達の方法を検討しておくことが重要です。これは保護者だけでなく、子どもに対する情報伝達という側面でも検討すべき要素といえるでしょう。

事例 **ダブルケアの状況におかれた父子家庭の生活を支援する**

○本人等のプロフィール
B児（5歳・女児）
家族：両親はB児が2歳のときに離婚しており、現在は父親（41歳）と2人で生活している。
備考：父親は近所の配送業者で正社員として勤務しており、B児は8時から19時ごろまでの時間をほぼ毎日保育所で過ごしている。B児の父方の祖父（74歳）は近所に一人で住んでいる。

事例2－①
　B児の両親が離婚した後、祖父は病気で長期入院していた妻（B児の祖母）の看病に加え、時折B児の保育所への送り迎えを行うなど、明るく精力的に動く姿が見られました。しかし、半年前に妻を亡くしてからは、少々活発さが失われたような姿が見られていました。そのような中、祖父が脳梗塞を発症し、緊急入院・手術をすることとなりました。

ワーク6

　B児の家庭の状況を整理し、祖父が入院したことに伴って生活にどのような変化・問題が生じてくる可能性があるか、可能な限り挙げてみましょう。そして、保育者（保育所）として行える支援はどのようなものか考えてみましょう。

もともと父子家庭であるＢ児ですが、祖父の支えもあって父親の仕事と子育ての両立は比較的スムーズに行われていたように感じられていました。しかし、支え手であった祖父が倒れたことによって、生活環境に大きな変化が生じることは想像に難くありません。

　例えば、父親には仕事と子育てに加えて入院中の父親の状況をみるという役割が加わります。本事例では祖父の経済的な状況がみえませんが、父親に経済的な負担（医療費・入院にかかわる諸費用）がのしかかる可能性が考えられます。そして、もともと仕事に多くの時間を取られている状況から、Ｂ児と関わる時間の確保がこれまで以上に困難となることも予想されます。

　保育者（保育所）としては、家族の生活全体を捉えつつ子どもの育ち・生活を最優先に考えることが求められます。そこで、Ｂ児に孤独感・孤立感を感じさせないこと、そして父親にＢ児の状況を細かに伝えることで、成長の様子をしっかり把握できるようにすることなどが支援の方向性の一例として考えられます。

事例２－②

　Ｂ児の祖父の手術は無事に成功しましたが、祖父には言語障害（構音障害）と左半身に軽度の麻痺が残りました（利き手は右手）。

　このころ、保育所でのＢ児には、担任保育者のエプロンのすそをつかんでそばから離れたがらないなど、それまで見られなかった姿が見られるようになっていました。担任保育者が家庭でのＢ児の様子を父親に確認すると、「特に変わった様子はない。反対にわがままを言わずいい子にしてくれていて助かっている」と答えました。

　退院後、祖父は自宅に戻りひとり暮らしを継続したいと話しており、父親としても見守りを継続する形でその意思を尊重したいと考えています。その一方で、Ｂ児は年度末には卒園を控えており、父親は小学校入学後の生活がスムーズに続けられるか、Ｂ児に無理をさせるような状況にならないかと心配しています。

第2編

9 地域の子育て家庭に対する支援に

10 障害のある子ども及びその家庭に対する支援

11 特別な配慮を要する子ども及びその家庭に対する支援

12 要保護児童等の家庭に対する支援の家庭に

13 子ども虐待の予防と対応

14 多様なニーズを抱える子育て家庭の理解

終 子育て支援のまとめと展望

あなたが担任保育者としてB児の父親から上記のような心配事を相談された場合、どのような回答・対応をするか考えてみましょう。

　事例2-①の解説で「生活全体を捉える」ことが大切であると述べましたが、それは「いま現在の生活全体」だけではなく「その人の人生全体を捉える」という意味でも用いることができます。

　この事例でみれば、退院後に自宅に戻りたいという意向を示した祖父の今後の生活と、子育て・仕事・祖父の介護を担う気持ちでいる父親の生活、そして小学校進学が迫るB児の生活、いずれも将来につながっています。

　つまり、子ども家庭福祉分野の専門職である保育者は、子どもの育ちと生活を保障することを最優先に考えて具体的な支援方法を考える必要がありますが、その際にも家族全体の今と将来の生活を視野に入れることが求められるのです。現在の子どもの育ちと子育ての支援だけでなく、小学校との連携・情報共有や、小学校以降で利用できる支援サービスに関する情報提供を行うことも、支援方法の一つとして検討されるべきと考えられます。

　第1節で述べた通り、ダブルケアは今後のわが国における子ども・子育て支援分野において大きなテーマとなることが予想されます。そのため、子ども・子育ての専門職である保育者にも、介護分野のサービス、相談機関等に関する情報や知識を持ち合わせることが求められる可能性があります。

実習での経験などをもとに、保育の場における多様なニーズを抱える子育て家庭に対する支援の実例を1つ取り上げ、その意義と効果を考えてみましょう。

引用文献

1）社会福祉法人日本保育協会・咲間まり子編『「外国につながる子ども」の保育と保護者支援に使える外国語例文・絵カード集』ぎょうせい　2022年　p.13

参考文献

・小原敏郎・橋本好市・三浦主博『演習・保育と子育て支援』みらい　2019年
・公益財団法人児童育成協会監修、西村重稀・青井夕貴編『子育て支援』中央法規出版　2019年
・西尾祐吾監修、立花直樹・安田誠人・波田埜英治編『保育者の協働性を高める　子ども家庭支援・子育て支援』晃洋書房　2019年
・小橋明子監修、木脇奈智子編『子育て支援』中山書店　2020年
・社会福祉法人日本保育協会・咲間まり子編『「外国につながる子ども」の保育と保護者支援に使える外国語例文・絵カード集』ぎょうせい　2022年
・立花直樹・安田誠人監修、渡邊慶一・河野清志・丸目満弓・明柴聰史編『子どもと保護者に寄り添う「子育て支援」』晃洋書房　2022年
・厚生労働省「令和3年度全国ひとり親世帯等調査結果報告」
・出入国在留管理庁「在留外国人統計」2023年6月
・内閣府男女共同参画局「平成27年度 育児と介護のダブルケアの実態に関する調査（平成28年3月）」
・外務省「障害者の権利に関する条約」
https://www.mofa.go.jp/mofaj/files/000018093.pdf（令和5年8月21日閲覧）
・さいたま市ウェブサイト「さいたま市祖父母手帳」
https://www.city.saitama.jp/007/002/012/p044368_d/fil/R4sohubotechou.pdf（令和5年8月21日閲覧）
・さちかち「ワンオペ育児ってどこから？主なケースや子育ての負担・悩みを減らす方法をご提案」
https://www.ashikagabank.co.jp/blog/11#heading-id-3202（令和5年8月21日閲覧）
・内閣府 リーフレット「令和6年4月1日から合理的配慮の提供が義務化されます！」
https://www8.cao.go.jp/shougai/suishin/pdf/gouriteki_hairyo2/print.pdf（令和5年8月1日閲覧）
・ほいくらし「ワンオペ育児とは？　つらい家事・育児を乗り越えるためのコツも」
https://hoiku.mynavi.jp/contents/hoikurashi/child-care/knowhow/11300/（令和5年8月1日閲覧）

終章

子育て支援の まとめと展望

第2編

9 地域の子育て家庭に対する支援

10 障害のある子ども及びその家庭に対する支援

11 特別な配慮を要する子ども及びその家庭に対する支援

12 要保護児童等の家庭に対する支援

13 子ども虐待の予防と対応

14 多様なニーズを抱える子育て家庭の理解

終 子育て支援のまとめと展望

 ### 第1節　保育者が担うべき子育て支援

❶── 社会の変化に伴う家族形態の変化

　これまで本書で学んだように、現代の子育ての環境は一昔前とは異なります。現代の特徴として、晩婚化・少子化・核家族化などがあり、これは、保育者が目の前の子どもの保育をする際の、一人一人の子どもの家庭を表す特徴にもなります。知っている知識を常にアップデートさせながら、子どもの保育と保護者の子育て支援を行っていくことが求められます。現在の「当たり前」がこの先も変わらない、ということはないはずなのです。図終－1を見てみましょう。

　図終－1からは、母子世帯および父子世帯数の推移が読み取れます。少子化が進んでいますが、ひとり親世帯は増加もしくは横ばいで推移しています。また、離婚率は図終－2のように推移しています。さまざまな変化に伴い、園の行事の名称も変化してきています。かつては父の日の時期になると、父親の似顔絵を描く、父親参観を計画する、ということが保育の中で当たり前のように行われていました。しかし、必ずしも両親がいるわけではない、また、働き方が多様化し、必ずしも日曜日が多くの保護者にとっての休日であるとは限らない等の事情を鑑み、ファミリーデーなどと名称を変更し、「おうちの人が園に来てくれる日」という位置付けになるなど、保育の中でもさまざまな変化が見られます。

　今後、里親制度やLGBTQ＋による多様な家族の形などにより、より多くの家族像ができてくることが予想されます。しかし、さまざまな変化があったとしても、保育者が子どもにとって大切な保護者とともに、子どもを真ん中に置いて、協力し合いながら子育てを支援していくことは変わりません。

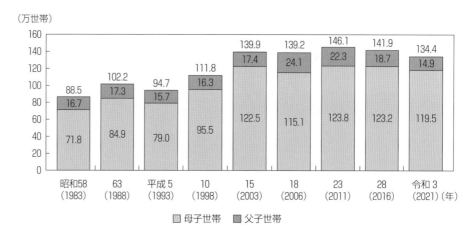

（万世帯）

図終－1　母子世帯数および父子世帯数の推移

注1：平成23年以前は、厚生労働省「全国母子世帯等調査」、平成28年と令和3年は厚生労働省「全国ひとり親世帯等調査」より作成。
　2：各年11月1日現在。
　3：母子（父子）世帯は、父（または母）のいない児童（満20歳未満の子どもであって、未婚のもの）がその母（または父）によって養育されている世帯。母子または父子以外の同居者がいる世帯を含む。
　4：平成23年値は、岩手県、宮城県および福島県を除く。平成28年値は、熊本県を除く。
出典：内閣府『男女共同参画白書　令和元年版』勝美印刷　2019年　p.140を一部改変

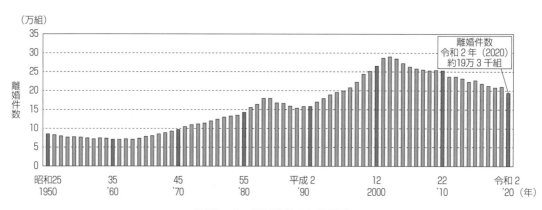

図終－2　離婚件数の年次推移

出典：厚生労働省「令和4年度　離婚に関する統計の概況　概況版」2022年　p.2

② ── 子ども虐待の増加

　図終－3に示すように、虐待相談の対応件数は増加の一途をたどっています。要因の一つとされる子育ての孤立化を防ぐため、さまざまな取り組みがなされています。また、報道等によると保育者が虐待の恐れを認識し、関係機関と連携を取っているケースも見られます。しかし、それでも虐待事件に

第2編

9 地域の子育て家庭に対する支援

10 障害のある子ども及びその家庭に対する支援

11 特別な配慮を要する子ども及びその家庭に対する支援

12 要保護児童等の家庭に対する支援

13 子ども虐待の予防と対応

14 多様なニーズを抱える子育て家庭の理解

終 子育て支援のまとめと展望

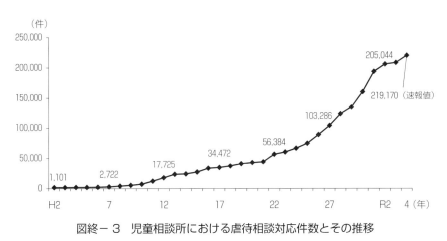

図終－3　児童相談所における虐待相談対応件数とその推移

注　：平成22年度の件数は、東日本大震災の影響により、福島県を除いて集計した数値。
出典：こども家庭庁「令和4年度 児童相談所における児童虐待相談対応件数（速報値）」2022年　p.1
　　　を一部改変

至ってしまうケースが度々報道されます。とても難しい問題だといえるでしょう。そのため、保育者一人一人が虐待の恐れがある親子に出会ったときにどのようなことを大切にしなければならないのかを具体的に考えていくことも必要でしょう。報道等を見て「ひどい親だ」と他人事のように思うだけでは何一つ改善につながりません。保育者としてどのように親子に関わるのか、本書の事例で考えたこと、学んだことを生かしていってほしいと願っています。

3 ── 子どもの貧困

「子どもの貧困」という言葉を耳にしたことがあることでしょう。所得水準などに照らして貧困の状態にある18歳未満の割合を示す子どもの貧困率[★1]は、2021（令和3）年現在で11.5％と、若干改善しつつある状況だといえます（2018［平成30］年は14.0％）。また、2018年の経済協力開発機構（OECD）の平均12.8％よりも低い数値となっていて、国としてもさまざまな手立てを講じています。しかし、厚生労働省の「国民生活基礎調査」によると、2021（令和3）年のひとり親世帯の貧困率は44.5％にのぼり、半数近くが貧困状態にあります。

　子どもの貧困は、一般的には見えにくいとされています。しかし、子どもと日々関わり、親子の生活の部分が見えやすい保育者は、「全く知らなかった／全く気づかなかった」ということは少ないかも知れません。悩みや不安

★1　子どもの貧困率
所得が中間の人の半分未満の世帯にいる子どもの割合を示しています。

に対し、どのような支援や援助ができるのかを、保育者個人としてではなく、園として考えていくことが求められるでしょう。具体的に保育者が、または園が支援をするというよりも、支援や援助の情報を「知っておく／把握しておく」ことで、さまざまな支援や援助の可能性が広がります。そのためにも、関係機関、専門機関をしっかり把握しておくことは大切になります。

第2節 「子育て支援」において改めて考えてみたいこと

1 ──「人と向き合う」とは

人と向き合うためには、必ず相手が必要になります。そして、お互いに向き合うことが必要になります。自分だけが相手を向いていても、心を寄せていても、「向き合う」とは言いません。

本書で見てきた事例ではどうでしたか。保育者が子どもに、保育者が保護者に、もしくは保育者が子どもと保護者に、一方的に心を寄せて何かをした事例はあったでしょうか。そうではなかったはずです。たとえ心を閉ざしていた保護者に対しても、こちらを向いてくれるように心をほぐしながら、ともに「向き合う」関係になれるように、保育者はさまざまなアプローチをしていたことが読み取れたのではないでしょうか。

ワーク 1

本書の中で、保育者の他者に対する向き合い方で印象に残っている事例を2つ挙げてみましょう。そして、それらの事例が、なぜ印象に残っているのか、書き出してみましょう。

2 ──「人を支える／支援する」とは

前項と同じく「人を支える／支援する」ということを考えたとき、「支える人（支援する人）」がいて、「支えられる人（支援される人）」がいる、という二極の役割が固定化されたものとして存在しているわけではないことにも気付いてほしいと思います。

第2編

9 地域の子育て家庭に対する支援

10 障害のある子ども及びその家庭に対する支援

11 特別な配慮を要する子ども及びその家庭に対する支援

12 要保護児童等の家庭に対する支援

13 子ども虐待の予防と対応

14 多様なニーズを抱える子育て家庭の理解

終 子育て支援のまとめと展望

例えば、親子関係を考えたとき、「親が子どもを育てる／子どもが親に育てられる」という捉え方もできますが、それが唯一無二の関係性ではありません。親も子どもが生まれたことによって初めて親になり、「子どもとともに成長していく、親子で育ち・育てられる」という考え方もあることと通ずるでしょう。

保育者は対人援助職です。子どもと保護者と関わるとき、より子ども・子育てについて "詳しい者" として「支える／支援する」という、上から手を差し伸べるだけの役割を担うのではなく、時には横に立って伴走する、時には後ろに立って寄り添う、そっと支える等、さまざまな支え方（支援の方法）があるはずです。

もちろん、専門職として、専門性に基づき、「支える／支援する」ことになりますが、どのような支え方をするのか、支援の仕方をするのか、一人一人がしっかりと考えて目の前の子どもと保護者と真摯に向き合うことが大切になります。

東畑開人は著書『聞く技術 聞いてもらう技術』の中で、第三者を、司法的第三者が上に立ち、仲裁的第三者が真ん中に立つのに対し、友人的第三者は横に立つ、と分類しています。その時々の立ち位置を意識しながら「支える／支援する」視点が必要だといえるでしょう。

🍀 第3節　子育て支援のまんなか

2023（令和3）年4月に設立した「こども家庭庁」のスローガンは「こどもまんなか」です。

国として、「こどもまんなか」をスローガンに掲げましたが、これは、何も目新しいことでも、特別なことでもなく、実は今までも保育の中では子どもを真ん中において保育者と保護者が相互理解を図ることを大切にしてきています。そこからもう一歩踏み込み、「こども家庭庁は国や社会のかたちを『こどもまんなか』へと変えていくためのリーダー」となるとしています。

図終−4は、こども家庭庁が示している「こどもまんなかチャート」です。この図からも子どもを真ん中に置いて、保護者・養育者が最も身近にいることが分かります。そして、子どもや保護者・養育者と直接接する人に「保育者」が挙げられています。本書で学んだ通り、保育者は子ども・保護者の最も近くにいる支援者なのです。

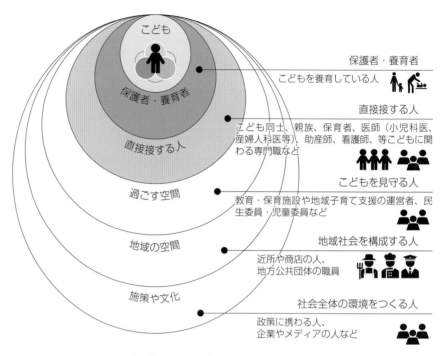

図終−4 こどもまんなかチャート

注 ：空間には、3 施設や子育て支援の施設のみならず、公園や自然環境、デジタル空間含む。
出典：こども家庭庁資料を一部改変

　さて、本書での学びはこれで終わりになります。「子育て支援」という科目での学び、そして、本書で一貫している学びのメッセージは、健やかな「子ども」の育ちと子育てをしている保護者を支えることを、保育者の専門性という視点から学ぶことでした。みなさんにその主旨がしっかり伝わっていることを願っています。

第 3 章ワーク 4（p.39）に記した内容を見返してみましょう。そして、本書の学びを通して書き加えたいことや修正したい部分があれば、色ペンなどを用いてその内容を更新してみましょう。その際、更新した日付を書き加えておくとよいでしょう。

参考文献

・東畑開人『聞く技術 聞いてもらう技術』筑摩書房　2022 年

索　引

編者紹介

菊地　篤子（きくち　あつこ）

名古屋柳城女子大学こども学部こども学科教授。臨床発達心理士

静岡県生まれ
京都女子大学家政学部児童学科卒業
大妻女子大学大学院家政学研究科児童学専攻修士課程修了（家政学）
高等学校非常勤講師（家庭科）、乳幼児健診心理相談員（三島市・伊豆市等）、
伊豆市教育委員会特別支援教育コーディネーター、
小田原短期大学保育学科教授などを経て現職

主な著書
『保育実習理論』（編著）青踏社　2016 年
『アクティブラーニング対応「乳児保育Ⅱ」』（編著）萌文書林　2018 年
『［新版］保育内容「人間関係」』（共著）大学図書出版　2018 年
『コンパス乳児保育』（共著）建帛社　2018 年
『ワークで学ぶ 保育内容「人間関係」』（単著）みらい　2019 年
『ワークで学ぶ 乳児保育Ⅰ・Ⅱ』（編著）みらい　2022 年　　　他

金　瑛珠（きむ　よんじゅ）

鶴見大学短期大学部保育科教授

韓国ソウル生まれ
大妻女子大学家政学部児童学科児童学専攻卒業
大妻女子大学大学院家政学研究科児童学専攻修士課程修了（家政学）
幼稚園教育嘱託員（公立幼稚園）、心理相談員（子育て相談センター）、千葉
明徳短期大学講師・准教授、東京未来大学准教授などを経て現職
保育者養成の傍らで保育所や認定こども園での巡回保育相談を長年行っている

主な著書
『幼児理解と保育援助』（共著）建帛社　2010 年
『子ども学への招待—子どもをめぐる 22 のキーワード—』（共著）ミネルヴァ
　書房　2017 年
『演習 保育内容「人間関係」—基礎的事項の理解と指導法—』（共著）建帛社
　2019 年
『めばえ幼稚園の保育実践—幼児たち自ら共に生き抜く力を育む場として—』
　（共著）ななみ書房　2023 年
『保育内容「人間関係」と指導法—考える・調べる・学び合う—』（共著）中
　央法規出版　2023 年
『改訂 2 版　Work で学ぶ保育原理』（編著）わかば社　2023 年　　　他

ワークで学ぶ 子育て支援

2024 年 4 月 1 日　初版第 1 刷発行

編　　集	菊地　篤子・金　瑛珠
発 行 者	竹鼻　均之
発 行 所	株式会社みらい
	〒500-8137　岐阜市東興町40　第5澤田ビル
	TEL　058-247-1227(代)
	FAX　058-247-1218
	https://www.mirai-inc.jp/
印刷・製本	西濃印刷株式会社